出雲王国と天皇

斎木雲州

―伝承の日本史―

大元(おおもと)出版

1. 三内丸山遺跡（六本柱神殿）

2. 縄文土器（焼町土器）

3．土女神（縄文のビーナス）

4．徐福（山東省琅邪台（ろうや）で）

5．沖津島（田心姫（たごり）の宗像宮（むなかた））

6. 吉野ヶ里遺跡（徐福村）

7. アラハバキ土女神（吉野ヶ里時代）

8. 神庭斎谷遺跡（斐川町）

9. 楯築古墳頂上岩群（道教式墳墓）

10. 四隅突出方墳（出雲市西谷）

11. 大市円墳（桜井市箸中）

目　次

はじめに ……………………………………………… 13

第一章　縄文人の渡来 ……………………………… 15
　1．沖縄の旧石器人
　2．南九州の旧石器人と縄文人
　3．アイヌとブリヤートの渡来
　4．縄文土器と三内丸山(さんないまるやま)遺跡
　5．縄文の土女神(つちめがみ)像

第二章　クナ族の渡来 ……………………………… 26
　1．インドのクナ国
　2．母系家族制の国
　3．クナ族のシベリア経由日本移住
　4．サルタ彦大神の信仰
　5．イズモ族の文化

第三章　出雲王国の成立 …………………………… 39
　1．良質砂鉄の国
　2．出芽(いずめ)の国
　3．サイノカミ信仰
　4．竜神信仰と神名備(かむなび)山
　5．出雲王国のマツリゴト
　6．二王家による統治

7．忌部(いんべ)氏の玉作り
　　　8．イズモ兵の組織
　　　9．出雲王国の拡大
　　　10．出雲王継承の儀式

第四章　徐福集団の渡来 ……………………… 79
　　　1．穴門(あなと)国の渡来集団
　　　2．始皇帝とホウライ島
　　　3．先遣隊と青銅器
　　　4．徐福の石見(いわみ)上陸

第五章　出雲王国の繁栄 ……………………… 97
　　　1．大国主と事代主(ことしろ)
　　　2．富家と郷戸家
　　　3．出雲王たちの遭難

第六章　武御名方(たけみなかた)と五十猛(いそたけ)の移住 ……………… 115
　　　1．出雲内の秦人たち
　　　2．武御名方(たけみなかた)の諏訪移住
　　　3．ホアカリ勢力の丹波移住
　　　4．アマベ氏の親族
　　　5．徐福族の信仰

第七章　徐福の吉野ヶ里文化 ………………… 136
　　　1．徐福の秦国帰国

2．徐福の肥前上陸
　3．ニギハヤヒと母君・高木姫(たかぎ)
　4．アマベ氏とモノノベ氏
　5．吉野ヶ里遺跡と吉野ヶ里土器

第八章　ヤマト政権の成立 157
　1．イズモ族のヤマト進出
　2．銅鐸信仰の広がり
　3．出雲系神社の増加
　4．三輪山(みわ)の祭り
　5．丹波勢力のヤマト進出
　6．ヤマト政権と村雲大王
　7．登美(とみ)の霊時(れいじ)のマツリゴト
　8．磯城(しき)王朝の成立

第九章　ヒボコ勢の渡来とハリマ侵略 190
　1．但馬(たじま)の船上生活
　2．ヒボコの干拓工事
　3．豊岡の出石(いずし)神社
　4．但馬のアマベ国造
　5．ハリマの伊和の神と岩神(いわがみ)信仰
　6．播磨国風土記(はりまふどき)とヒボコ
　7．大名持のハリマ防戦

第十章　第一次モノノベ東征と名草戸畔(とべ) ………… 210
　　　1．モノノベ勢の九州出発と四国南岸
　　　2．イツセの名草敗戦と戦死
　　　3．ウマシマジの熊野上陸
　　　4．太田家・ヤタガラスの道案内

第十一章　大彦のクナト国 ……………………… 238
　　　1．大岩山の大銅鐸
　　　2．安倍川の沼河別(ぬなかわわけ)
　　　3．クナ国の東遷
　　　4．アベ王国のアラハバキ信仰

第十二章　フトニ大君のキビ王国 ……………… 258
　　　1．キビツ彦兄弟のハリマ進出
　　　2．キビ王国の成立と温羅(うら)伝説
　　　3．キビ軍の東出雲王国攻撃
　　　4．東出雲王国との和睦
　　　5．西出雲王国攻撃と和睦
　　　6．キビの楯築(たてつき)王陵
　　　7．出雲の四隅突出方墳

第十三章　モモソ姫の太田遺跡 ………………… 299
　　　1．ヤマトの宗教戦争
　　　2．モモソ姫のマツリ
　　　3．太田遺跡と外出系土器

4．太田家の大王陵
　　5．モモソ姫の大円墳

巻末付録 ……………………………………………… 323
　　1．出雲王国主王（大名持）系図
　　2．海部(あまべ)家系図
　　3．尾張(おわり)家系図
　　4．磯城(しき)登美家・賀茂家・太田家系図
　　5．出雲王家と親族関係図
　　6．『丹後国風土記』（残欠）現代語訳
　　7．古代年表

参考文献 ……………………………………………… 338

はじめに

　日本の古代史は、謎に包まれている。そこに謎解きの楽しみが生まれ、謎解きの過程にロマンを感じる人も多い。その際に、多くの人が参照するのが、『古事記』・『日本書紀』（以下、『記紀』と呼ぶ）である。

　この『記紀』は歴史書とされているが、奈良時代の権力者が自分の一族の都合に合わせ誤説を加えて書かせた書物であり、実は史実そのものではない。しかし重要な記録も多く含まれているため、古代史研究には必要な資料である。そのため、何が真実で何が誤説であるか、見抜く力が必要となる。

　また、その内容の多くは神話として書かれているため、それらがどのような史実をたとえて書いたものであるのかを読み解いていく必要がある。たとえば、人名や地名は実在の人物や場所をどのように反映したものであったのか、年代は正しいか、などである。しかし残念ながら、これらの事実関係を正確に知るために、我々に残された歴史的資料はそれほど多くはない。

　ところが歴史の事件と関係のあった旧家では、現代にいたるまでその事件の詳細を子孫に語り伝えていることがある。とくに出雲の旧家には、日本の歴史についての豊富な伝承が今も伝えられている。その伝承は、権力者の妨害を受けることなく伝えられてきたため、『記紀』などの官史に書かれた内容とは相当に異なる。

　しかし、各地域の旧家の伝承を比較すると、同じ内容を伝えているものが多くある。また、『漢書』や『三国志』など

周辺諸国の歴史書や、各地の神社などに残る古文書・伝承などとも、矛盾なく一致することが多いのである。

　この本では出雲の旧家の伝承を基にして、出雲王国のはじまりからヤマト政権が成立したころまでの史話をまとめてみた。その際、伝承の真実性を検証するために、『記紀』や『風土記』をはじめ、海外の歴史書や、各地に残る伝承などをひもとくとともに、でき得る範囲で現地に足を運び、現代の我々に伝えられている行事や伝承、史話などと照らし合わせることも試みた。さらに、考古学的資料との比較・検討も行った。

　その結果、この本は『記紀』とは全く異なる歴史書となったので、本の副題は『伝承の日本史』とした。この本に書かれた伝承が、これからも消えることなく、未来に受け継がれていくことを願いたい。そして、この本が若い読者の方々にとって、日本の古代史を正しく考える一助になれば、幸いである。

第一章　縄文人の渡来

1．沖縄の旧石器人

　人類がはじめてアフリカ東部に現れたのは、約700万年前とされている。その後、20万〜10万年前までにアフリカの地で現生人類に進化し、約7〜6万年前に世界各地に向けて広がったものと考えられている。

　アフリカを出た現生人類の中には、西・東南アジアを経て、東アジアに広がった人々がいた。

　その人々が日本列島にたどり着いたのは、4万〜3万年前であると考えられている。沖縄県八重瀬町港川からは、その当時の人骨が4体分出土した。

　その旧石器人は、「港川人」と呼ばれている。日本は酸性土壌であるため、人骨が残りにくい。ところが、沖縄近辺の島々はサンゴ礁由来の石灰岩が多く含まれるため、岩中の炭酸カルシウムのアルカリ作用により人骨が残りやすい。

　沖縄本島の南西にある石垣島の白保竿根田原洞穴遺跡からは、洞穴の中から人骨が集中して発見された。この洞穴は人工的遺物が乏しいため、遺体を葬る場所として利用されたものと考えられている。

　その人骨9件について年代測定を実施したところ、約26000〜19000年前という結果が得られた。

　また、約2万年前の人骨のミトコンドリアDNAの分析結果では、三つのハプログループが検出された。ハプログループとは、DNAのタイプの似通った集団のことで、突然変異

によって他から分かれた集団である。それらの一つは日本の南方に起源を持ち、沖縄地方を中心に分布を広げたものであり、残りの二つはシナ南部（この本では中国をシナと呼ぶ、第四章参照）か東南アジア方面から北上して、琉球列島に到達したと考えられるものであった。

２．南九州の旧石器人と縄文人

　南九州地方の人々の活動は、古代から断続的にくりかえされた火山活動と深い関わりを持っていた。その歴史は、長い年代をかけて堆積した火山灰の層の中に眠っていた。
　種子島中種子町の立切遺跡からは、約１万年前の火山灰の下層から、たき火の跡や石蒸し料理の跡、木の実を貯蔵したと考えられる土坑、石器などが発見された。そこに住んだ旧石器人たちは、狩猟生活だけに頼らず、木の実などを採集して、加工して食料としていたことが明らかになった。
　15000年前ころ、南九州地方は日本列島各地に先がけて、地球規模の温暖化と黒潮の影響を受け、豊かな森林が発達した。人類はそこで定住生活を始め、石器だけでなく土器を発明して使い始めた。このようにして、南九州地方の縄文時代がはじまった。
　約12000年～9000年前の南九州の遺跡からは、「連結土坑」と呼ばれる調理場跡が発見されている。
　これは、大きな竪穴と小さな竪穴がつながっていて、二つ

の穴の間にブリッジ部分があるもので、保存食をつくるための動物や魚の燻製施設であったものと考えられている。その小さな穴の上に横木を渡して肉などを吊るし、葉などで上を密閉する。それで、ブリッジの下で火を焚くと、煙は小さな穴の方に流れ、葉の間から煙が出て燻製ができるという使い方であったと考えられている。

約8000年前に関東地方を中心に使用された「炉穴（ろけつ）」もその連結土坑とよく似ており、南九州を起源として関東地方へ伝わったものと考えられている。

鹿児島県霧島市の上野原遺跡からは、約9500年前の最古の定住集落跡が発見された。ここからは、竪穴住居に加え、連結土坑や石蒸し料理施設の集石遺構などの生活遺構が出土している。竪穴住居の一部の竪穴内に、約9500年前の桜島の火山灰が埋まっていたことから、遺跡の年代が明らかになった。

上野原遺跡の南東部からは、約7500年前の集石遺構や土器なども出土している。

ところが、約7300年前に屋久島近くの海底で起こった鬼界カルデラ噴火（アカホヤ噴火）は、南九州地方の縄文文化を壊滅させた。南九州地方の遺跡では、アカホヤ火山灰層の上下でまったく異質な土器文化が存在することが確認されている。このような土器形式の違いにより、その地域の縄文文化が一度完全に滅び、その後しばらくして別の文化を持つ縄文人が、その地に移住してきたものと考えられている。

アカホヤ火山灰は、南九州では 40 ～ 60 センチメートルの厚い堆積層が確認されているが、それ以外の四国、近畿、中部、関東地方や日本海側にも分布している。そのため南九州以外の縄文人も、少なからず被害を受けたものと考えられる。

　近畿地方の垂水・日向遺跡（神戸市垂水区）では、干潟を歩いた縄文人の足跡が多数見つかっており、その上の層に数十センチメートルのアカホヤ火山灰層が検出されている。降り注ぐ火山灰は、この地方に住む人々の生活にも大きな影響を与えたことであろう。ちょうどこのころ、近畿地方全域で遺跡数が減少していることから、人々は火山降灰量の少ない土地を求めて、移住したのかもしれない。

3．アイヌとブリヤートの渡来

　アフリカを出た人類は、3 万年前にはシベリアにも達した。そのあとも人々は獲物を追って移動し、当時大陸やサハリンと陸続きであった北海道に到達した。北海道に人が住み始めたのは、25000 年以上前であると言われる。25000 ～ 12000 年前の旧石器時代の遺跡からは、黒曜石で作られた石器が見つかっており、人々は狩猟を中心とした生活を送っていたものと考えられている。

　旧石器時代に北方から最初に移動してきたのは、アイヌ人であったものと考えられる。北海道から東北にかけては、今

でもアイヌ語地名が多く残っており、アイヌ人が北日本列島の広い範囲に住んでいたことを示している。

　北海道の縄文遺跡からは、墳墓から漆製品や土器などが見つかっている。縄文時代後期の著保内野遺跡（函館市）からは、日本最大の中空土神像(ちゅうくうつちがみぞう)（この本では土偶を土神像と呼ぶ）が出土している。この土神像は、アイヌ人がつくったものと考えられる。

　また２万年前には、バイカル湖周辺で発生した細石人(さいせきじん)文化が、大陸と陸続きであった北海道を経由して日本列島に流入した。

　国立歴史民俗博物館の篠田謙一氏の研究報告には、遺伝子DNAデータバンクに登録されている日本で発掘された縄文人29体のうち、ブリヤート人と同じ塩基性配列のものが17体あり、その配列はバイカル湖付近に暮らすブリヤート人に一致した、と書かれている。

　また松本秀雄氏は、東・東南アジアのモンゴロイドの約２万人の血清試料を採取し、アイヌ人や琉球人を含む日本人は北方系Gm遺伝子の保有率が高いこと、そして、北方Gm遺伝子はバイカル湖地域が起源と考えられる、との推論を導き出した。

　これらのことから、旧石器時代にアイヌ人の次にバイカル湖地域から日本に移住して来たのは、ブリヤート人であったものと考えられる。

　北海道産の黒曜石の石器がカラフト北部や、アムール川流

域、バイカル湖岸から発掘されていることからも、ブリヤート人が日本列島とバイカル湖との間を行き来していた可能性は大きいと考えられる。

　また、アムール川上流に自生していたソバの実を、日本に伝えたのはブリヤート人であった、とも言われている。

4．縄文土器と三内丸山(さんないまるやま)遺跡

　東北地方にも、アイヌ人を初めとして古くから人が住んでいた。青森県外ヶ浜町の大平山元(おおだいやまもといち)Ⅰ遺跡から出土した小さな無文土器の破片には、炭化物が付着していた。それを炭素年代測定法によって調査すると、16500年前の物であるという結果が出た。その結果により、かつて土器のルーツと言われたメソポタミア文明の壺よりも古いことがわかった。つまり、現在確認されている土器の中では、世界最古の土器ということになった。この土器の存在は、狩猟採集の時代に煮炊き調理がおこなわれていた可能性を示している。その土器をつくったのは、そこに古くから住んだアイヌ人であったものと考えられる。

　このあと土器の表面には、模様があらわれるようになった。その模様は変遷し、縄目の模様に変化した。それが縄文土器（口絵2）と呼ばれた。

　縄文土器には、蛇の模様が表現されていることがある。蛇は冬に地下にもぐり、春になるとまた外に出てくる。その様

子を見た古代人は、死んだ人の魂もまた子孫の体に宿って復活して欲しい、という願いを込めて蛇の模様の土器を作った。そして、葬式の際に、蛇の模様の土器にごちそうを入れ、墓に供えてお祭りしたと考えられる。蛙も同様に冬ごもりするので、蛙の模様が土器に使われることもあった。

　大平山元Ⅰ遺跡から数キロメートル離れた場所では、縄文時代の最大級の集落跡である三内丸山遺跡（青森県青森市、口絵1）が見つかった。炭素年代測定法による調査では、この集落が使用された年代は、約5500～4000年前までの間であることがわかった。この集落に最初に住んだのは、アイヌ人であったものと考えられる。ここの「三内」は古い地名で、昔は「寒苗（さむなえ）」と書かれたこともあり、発音に対して当て字されたことがわかる。この遺跡は、青森湾に注ぐ沖館川（おきだて）の右岸台地上にあり、アイヌ語のサン・ナイ（＝前に開けた・沢）が地名の語源であったと考えられている。

　その遺跡の発見は、縄文時代のイメージを大きく変えた。かつて縄文時代は、不定住狩猟の時代と考えられていたが、そこに住んだ人たちは、世代交代を繰り返しながら、豊かな定住生活を営んでいたことが明らかになった。

　その集落には、いろいろな施設が場所ごとに計画的につくられていた。居住区の竪穴住居のほかには、中央の広場に大型竪穴住居がつくられていた。集落の中心から東方向には幅12～15メートルの大道が伸び、道の両側に420メートルあまりにわたって大人の墓列がもうけられていた。墓の上には

盛土があり、環状配石で飾られた墓もところどころにあった。大人の墓とは別に、子供は中央広場の北側に葬られた。このような計画的な配置は、住民たちの合意によって決められたものと考えられている。

　また、この遺跡にはクリ林があったことがわかり、クリの果樹栽培（農業）が行われたものと考えられている。クリは実を食料とするだけでなく、木材を建築用に使うこともできた。

　それでこの遺跡には、クリの木の六本柱の大型掘立柱建物が建てられていた。その柱間は、芯から芯までがすべて4.2メートルと一定で、柱穴も直径約2.2メートルと巨大であった。

　この建物の使用目的はまだ明らかになっていないが、柱は地面に垂直ではなく、それぞれが内側にやや傾いて建てられていた。これはそれぞれの柱が独立して建っていたのではなく、一つの高い建築物を構成していたことを示している。

　高い建築物は、太陽を拝むための神殿であった可能性が高い。高い神殿の上に姫巫女（ひめみこ）が上り、祭祀の指揮を取って朝日を拝んだのだろう。それは、当時の宗教施設であったと考えられる。

　またこの遺跡からは、遠方の土地で産出するヒスイや黒曜石、コハクなどが出土している。それらの産出地は、北海道から東北、北陸、中部、関東地方にまで及ぶ。これは、この遺跡に住んだ人々の交流・交易範囲が、かなり広範囲に及ん

だことを示している。

5．縄文の土女神像(つちめがみ)

　縄文人は母系社会であったので、素焼きで母系の祖先神の像をつくり、家庭の神棚に置いて拝んでいた。
　この土女神像は、一般的に未開の古代人がつくった土人形という意味の「土偶」と呼ばれているが、この呼び方は、仏像のことを「木偶(でく)」と呼ぶのと同じで、適切ではない。古代人は真剣にその神像を拝んでいたはずであり、ただの人形とは異なるので、やはり「神像」、又は「女神像」と呼ぶべきであろう。海外では、似たような像のことを、「女神像（英語名では、Goddess、Venusなど）」と適切な名で呼んでおり、日本でも見習うべきである。
　ところでこれらの土女神像(つちめがみ)は裸体であることが多いが、古代人は裸体で生活していた訳ではない。それは、女性の先祖たちの味わった出産の苦しみや育児の苦労について、子供たちに認識させるための工夫であった。そのため、乳房や腹が強調されていることが多い。海外ではその強調のあまり、乳房が4個ついているものが発掘されることもある。これは、乳がよく出ることを祈るためであると考えられる。また犬やオオカミのように、子供をたくさん産む女性に恵まれるようにとの願いをこめて作られたものと考えられる。
　またこれらの土女神像は、わざと壊された状態で出土する

ことが多い。古代において、女神は食べ物を産む力も持っている、と信じられていた。古代人は土女神像を作り、それを祭壇に置いて祀ったあとに、割って畑に埋めた。それを土に埋めると作物の実りが良くなる、と考えていた。

『古事記』には、女神が食べ物を産むという信仰を示す、次のような話が書かれている。

　　スサノオノ命が食べ物を、大尻姫神（オオゲツ）に求めた。そこで、オオゲツ姫神は、鼻や口また尻から種々のうまい食べ物を取り出して、いろいろと料理して差し上げる時、スサノオノ命はその様子を見て、食べ物を穢して差し出したと思って、ただちにそのオオゲツ姫神を殺した。すると、殺された神の身体の、頭に蚕が生まれ、二つの目から稲の種が生まれ、二つの耳からアワが生まれ、鼻からアズキが生まれ、陰部に麦が生まれ、尻に大豆が生まれた。

長野県茅野市からは、有名な「縄文のビーナス」（口絵3）と「仮面の女神」と呼ばれる縄文の土女神像が出土している。信州には「浅間（アサマ・ムイ＝奥の・峰）」や「佐久（サク・コタン＝夏の・村）」、「姥捨（ウパシ・ウシ・タイ＝雪・多い・林地）」などアイヌ語由来と考えられる地名が多く残っているので、それらの土女神はアイヌ人がつくったものと考えられる。

「縄文のビーナス」は、乳房と張り出した腹部があるので、妊娠した姿の女神であることが一目でわかる。

一方の「仮面の女神」(図1)は、乳房が見えないので少々複雑である。まず、顔が逆三角形(女陰毛の形)であるので、女神であることがわかる。また腹部の同心円は出産を示し、女陰部が広がった形を示している。中央の丸形は、赤ん坊の頭が今まさに誕生する瞬間を示している。両手にも同心円があり、出産を強調している。

つまりこれらは、妊娠と出産の姿を体全体で表現することで、「豊穣の女神」であることを示しているものと考えられる。

図1　仮面の土女神（長野県出土）

第二章　クナ族の渡来

１．インドのクナ国

　縄文時代に日本で最も早くできた広域の統一王国は、出雲王国であった。その王国をつくった人々は、大陸から移住してきた集団であった。かれらのことを、イズモ族と呼ぶ。

　出雲の旧家の伝承では、「イズモ族は今から約4000年以上前に、鼻の長い動物の住む国から民族移動して、日本に来た」と、伝えられている。鼻の長い動物（ゾウ）が住む国とは、インドであると考えられる。

　のちにイズモ族となる民族は、インドのクナ国という小王国に住んでいた。そこの王は、クナト王と呼ばれていた。クナ国は、現在のインド・マディヤ・プラデーシュ州のグナという町であったらしい。この民族のことをクナ族と呼ぶ。

　古代初期にインド半島全域に住んでいたのは、ドラビタ族であった。だからクナ族も、ドラビタ族に属していた。

２．母系家族制の国

　ドラビタ族は農耕民で、かれらの社会は母系家族制であった。母系の家族では、子供を産む女性が優遇され、食事のときには男性より先に良い物を食べた。そのため、女性は男性のように体がたくましかったという。

　家の主人は母親で、家の財産はすべて母親のものであった。子供たちは、一生を母親の家で暮らす決まりがあった。

母親は息子よりも娘を大事にして、娘を家の跡継ぎにした。

娘が成長すると、子孫を増やすために、別の家から婿を取った。婿が自分の娘にふさわしい人物か見極めるのは、母親の役目であった。

婿は昼の間、自分の生まれた家に住んでいて、夜だけ妻の家に通った。これは、万葉集にも表れている妻問婚（夫が妻のもとに通う婚姻の形態）と同じことであった。子供は夜のみ通ってくる父親よりも、家の主人たる母親の方を尊敬した。

シナは父系家族制であったので、シナの使節が日本に来たときに、母系家族制の様子を見て、珍しく思ったのだろう。『三国志』「魏書」には、日本の家族の様子が記録されている。

まず住む場所については、「父母と兄弟は、寝る場所が異なる」と書かれている。つまり母親と娘は母屋に住み、息子たち兄弟は物心がつくと、男だけが住む別棟に移された。夜に通って来る父（通い婿）は、母親とともに母屋に寝た。

また、「その同居と座席での振る舞いには、父と子の間、妻と夫の間の違いがない」と書かれている。父系家族制では父親が威張り、家族の中で優遇されるが、母系家族制ではそうではなかったことがわかる。日本の家族は、母親が中心で男親はおとなしかったという。

動物の哺乳類の社会も、ゾウやライオン、シカ、イノシシ、シマウマなどは、母系家族制である。子供は母親と共に

暮らしていて、群れのリーダーは母親である。母親が死ぬと、その娘が群れの新しいリーダーになる。父親は群れとは離れて、遠くで暮らしている。そして繁殖の時期になると、群れに合流する。繁殖が終わると、また群れから離れていく。狩猟をする時などにそのような動物の家族形態をよく目にしていた古代人にとって、母系家族制はごく自然なものに感じられていたのかもしれない。

　このように、古代人の家族形態は現代とは大きく異なっていたため、現代人には理解しがたい面がある。しかし古代史研究においては、この家族形態の理解が大変重要である。

　古代の人々にとって一番大切なことは、自分の子孫が確実にできて増えることであった。そのため古代初期までは、世界中で母系家族制であった。

　たとえば、古代エジプトでも母系家族制が見られる。エジプトの神話では、メスライオンの頭部を持つ女神セクメト（強力な女性の意味）が、最強の破壊の女神として描かれている。

　また、古代エジプト王家は男権家族であったが、跡継ぎは母系の血筋で決められた。当時は重婚社会であったので、王の后や妃が産んだ息子であっても、本当に王の血を引いているかわからなかった。そのため、彼女たちが産んだ息子は跡継ぎにはなれなかった。かわりに、王と同腹の姉妹が婿をもらって、生まれた男児が次の王となった。

　つまり娘は、確実に母親の血を受け継いでいる。その娘が

産んだ娘もまた、母系の血を受け継いでいる。それが代々繰り返され、王家の血筋が母系で保たれていった。

　母系家族制は、古代人の宗教観にも表れている。古代では、家庭で拝む先祖神は、母側の先祖であった。なぜなら、拝む人の立場から考えると、その人の血は、母親や祖母から受け継いだことは確実である。一方父親は一緒に住まないので、馴染みが薄い。さらに数代前の男系の先祖になると、どこの家の人間かもよくわからず、あまり尊重されなくなる。世界中の古代の遺物の中で、男神像よりも女神像の方が圧倒的に多いのは、このような理由によるものである。

　母系家族制は、古代以降も長い間存続する場合もあった。日本の農村や漁村は、江戸時代半ばまで母系家族制であったという。

３．クナ族のシベリア経由日本移住

　クナ国には、以前からバイカル湖周辺に住むブリヤート人の商人が、交易のために来ることがあった。彼らが「大陸の東の海中に、住民の少ない温暖な島がある」と、教えてくれた。クナ国のクナト王は民族の発展のため、東への移住を考えた。

　クナト王は東への移住計画を発表し、移住集団への参加を若い元気な男女に説いた。その結果、数千人の応募があったようである。そして、クナト王と移住集団は、家畜の背中に

食糧などの荷物を積んで出発し、まず北の山岳地帯を越えた。

出雲の旧家の伝承では、「クナ族は、砂の平原を通り、広い湖の近くから、長い川を流れ下って来た」という。「砂の平原」とはゴビ砂漠のことらしい。「広い湖」とはバイカル湖のことで、「長い川」とは黒竜江（アムール川）のことであると考えられる。

移住集団はアムール川上流に到着すると、木材で筏(いかだ)と櫂(かい)を作り、筏に食糧を乗せた。家畜は途中で食べたり、現地人と交換したりしたと考えられる。そして人々は筏に乗り込み、川の流れに任せて、数千キロメートルの距離を下っていった。歩き疲れることもなく、楽な旅であった。筏は間宮(まみや)海峡を越えて、樺太(からふと)島に着いた。そこから海岸沿いに南に進み、渡り島と呼ばれた北海道を通って、最後に津軽半島に上陸した。

クナ族は、気候的にも穏やかで距離も近いシナや朝鮮半島方面を通らず、あえて環境の厳しい山岳地帯や、ゴビ砂漠、極寒のシベリア方面を選んで遠回りした。それは、武器を持つ異民族の国の中を通ると、襲撃されたり奴隷にされたりする危険があったためであった。

古代の世界各地では、戦争で捕虜になった男性は、その子孫を絶やすよう去勢され、労働力として使われた。女性が捕虜になる場合は、その息子が去勢された。

インドから海岸伝いに船で日本に来るルートも、海岸沿い

に住む異民族の襲撃に遭う可能性が大きかった。また、当時は筏や丸太船を使う時代であったので、長距離の航海は必ずしも安全なルートではなかった。それは、のちの遣隋使、遣唐使の時代に、大型船すら天候悪化で遭難していたことからもわかる。

　クナト王は、信頼のおけるブリヤート人に先導を頼み、遠回りではあるが、人があまり住まない最も安全なルートを選択したものと考えられる。

　ここでイズモ族（クナ族）の渡来について、言語の観点から考えてみたい。国語学者の大野晋は、日本語とタミル語（ドラビタ語の一種）との間に、単語や文法の共通点が多いことを証明している。また、言葉のみならず文化や習慣にも共通点が認められる、と主張している。

　タミルはインドの南部地方にあり、ドラビタ族の一種が住んでいる。かれらは、アーリア人に侵略されて南に移住した人々であった。

　同じドラビタ族出身のクナ族は、日本でイズモ族になったあとに出雲王国を作り、そこは日本の文化の中心になった。そして、各地の人がイズモの言葉を使うようになり、イズモ語がヤマト言葉（最初の日本語）になったと伝えられる。

　このように、イズモ族が日本語や日本の文化や習慣を作っていったので、日本人とドラビタ族との間に共通点が多くなったものと考えられる。

4．サルタ彦大神の信仰

　古代インドでは、ゾウは神として尊敬されていた。「イズモ族は、鼻の長い動物の住む国から来た」との伝承は、イズモ族にとって、ゾウが特別な動物だったことを示している。

　のちにインドでヒンズー教が成立するが、古代からの宗教の流れを受けて、ゾウ神・ガネーシャ（図2）が崇拝されるようになった。

　ドラビタ語では、ゾウの鼻のように突き出た物を「サルタ」と呼ぶ。出雲では、インドのゾウ神がサルタ彦大神（おおがみ）に変化して崇拝されたと伝えられている。

　サルタ彦大神は、別名を「鼻高彦（はなたかひこ）」とも言い、天狗のように鼻が突き出た顔が特徴である。『日本書紀』にはサルタ彦の容貌について、「鼻の長さは七咫（なな）（約126センチメートル、咫（あた）は八寸で約18センチメートル）、背の高さ七尺（約210センチメートル）」と

図2　ガネーシャ（クナ族の象神）

書かれている。

　サルタ彦は、出雲王国のサイノカミ信仰に取り入れられた。サイノカミ信仰の盛んな地域では、峠の道に大きく恐ろしげなサルタ彦のワラ人形（図3）を飾る風習があった。

　たとえば、岡山と鳥取の県境の峠にもサルタ彦人形が祀られたので、

図3　サルタ彦人形（サイノカミ）

そこの地名は人形峠となっている。この人形を飾ることで、他の村の悪者や、他の部族が襲ってこないよう、おどかす意味があった。『日本書紀』のサルタ彦の容貌は、このサルタ彦人形の様子を書いていると思われる。

　しかし、現代の我々がサルタ彦人形や絵図に描かれるサルタ彦の姿を見て、ゾウを思い出すことはもはや難しい。

　また、サルタ彦は漢字で「猿田彦」と当て字されるため、猿神と誤解されることがあるが、猿とは全く関係がない。この本では、誤解のないようにカナで「サルタ彦」と書くこと

にする。

　サルタ彦大神を崇拝するイズモ族は、サルタ族とも呼ばれた。宇佐公康著『古伝が語る古代史』では、宇佐神宮社家の伝承として、イズモ族を「シベリア方面より日本列島に移動漂着したサルタ族」と表現している。

　またイズモ族がシベリア方面から渡来したことについて、出雲と宇佐という離れた場所で同一の伝承があるということは、この伝承が真実である可能性が高い。

５．イズモ族の文化

　クナト王が日本列島に上陸した時に、クロガネの冑をかぶり、アカガネの矛を杖につけて持っていた、と出雲の旧家では伝承されている。古代世界の各地では矛は王権の象徴であり、王以外の人が持つことは許されなかった。

　また「カネ」とは、ドラビタ語で金属のことである。クロガネとは鉄製品で、アカガネとは銅製品であったらしい。「カネ」という言葉は、現代の日本でも使われている。

　古代インドでは金属器は生活必需品になっていたので、クナト王は移住の際に、金属精錬の技術者を連れてきた可能性がある。

　国立歴史民俗博物館の春成秀爾氏らにより、精度が高いとされる放射性炭素14年代測定・AMS法で遺跡の年代測定が実施されるようになった。土器に付着したススなどを多数

第二章　クナ族の渡来

測定した結果、福岡県糸島市の曲り田遺跡から出土した鉄器片は、紀元前10世紀の物という結果が出た。これはシナの最古の鉄製品よりも古い、という結果であった。また、同じくらいの年代の佐賀県菜畑遺跡出土の木製品に、明らかに鉄製品の加工の跡がついていることも確認されている。これらは、日本の製鉄がシナを経由することなく、インド方面から直接伝わった可能性を示している。

　クナ族が日本の本州に上陸した時、日本は縄文時代であった。東北や北海道には、アイヌ人やブリヤート人が先住民として暮らしていた。東北では、クナ族の勢力は次第にアイヌ人よりも優勢になっていった。そのため、アイヌ人は北海道を中心に住むようになった。そして本州に残ったアイヌ人は、クナ族と混血していったものと考えられる。
　クナ族は津軽半島に上陸したあと、三内丸山遺跡の地にしばらく住んだ、と出雲の旧家で伝承されている。
　三内丸山遺跡は、約5500〜4000年前までの間に使われた集落であったことがわかっている。クナ族が、津軽半島に上陸したのが約4000年前であるので、この集落の晩期のころに住み着いたことになる。
　三内丸山遺跡には、アイヌ人やブリヤート人が先住民として住んでいたと考えられる。クナ族がその地に到着すると、先住民の多くは他の土地へ去っていったものと考えられる。クナ族は、残った先住民と共存・混血して三内丸山遺跡に住

みつき、そこで先住民と文化を融合・発展させていったものと考えられる。かれらは、のちに出雲の地へ移住してイズモ族となったが、便宜的に以後はイズモ族と呼ぶことにする。

三内丸山遺跡では、クリの木の六本柱の神殿（口絵1）が建てられていた。のちにイズモ族によって出雲大社が建てられたが、三内丸山遺跡の神殿の記憶が後世まで残っていたようで、同じような考えで高層の神殿がつくられた。

イズモ族は本州北部にしばらく住んでいたが、そのあと南に移住して広がったと言われる。南下の理由は、寒冷化の影響を受けたためであった可能性がある。

川幡穂高氏らの研究によると、青森県陸奥湾の堆積物の花粉分布から気温の変遷を調査した結果、4200年前に急激な寒冷化がおこり、クリなど陸上の食料や、陸上動物が減少したことが明らかになった。そしてこの気候の急激な変化が、三内丸山遺跡の衰退や、日本全国の縄文人の人口減少の原因になった可能性が高いという。

三内丸山遺跡から人々が立ち去ったあと、秋田県鹿角市大湯町に、万座と野中堂の二つの環状列石（ストーンサークル、図4）がつくられた。これらは、南下するイズモ族によってつくられたらしい。

それぞれの環状列石は二重の輪になっており、外側の輪の大きさは直径40〜50メートルで、内側には直径約15メートルの輪がつくられていた。

第二章　クナ族の渡来

図4　大湯環状列石（秋田県）

　石輪の中には、組石が分布していた。他の環状列石の調査結果から、これらの組石の下には墓穴があったと考えられている。組石の中央には、男根に似た形の男石が立てられているものもあった。それは死者の魂が、男神の生殖力により赤ん坊に生まれ変わるよう祈るための物であった。つまり環状列石は墓地であった。

　またそこでは、古代の葬式や祭りの様子が現れていた。この遺跡からは、石皿や凹石、石（磨）棒が見つかっている。これらはドングリをつぶしアク抜きをして食べるための道具であったが、皿を女神、石棒を男神として、葬式や祭りで拝んだらしい。さらに素焼きの土女神(つちめがみ)の破片が、あちこちから出土した。これらの遺物により、当時の人々の宗教の知識を知ることができる。

　外輪と内輪の間には、日時計状組石がつくられていた。中

央に男石があり、男石から放射状に車軸石が菊の花弁のように並んでいた。野中堂の日時計状組石には、東西南北に丸石が置かれていた。この遺物は、暦を知るためにも使われたものと考えられ、この時代の人々には既に暦の知識があったものと考えられる。

そのころ、先住のアイヌ民族は山岳地帯に住んでいた。イズモ族が近づくと、自分の土地を守ろうと弓矢などの武器で襲うことがあった。そのため、イズモ族は中央の山脈を避け、日本海沿岸を南下したという。

イズモ族は南に移動するときに、三内丸山遺跡や大湯環状列石の文化を、他の土地に持ち込んだ。それで、三内丸山遺跡の高層建築物と大湯環状列石を融合させたような文化が、能登半島に伝わった。能登半島の真脇(まわき)遺跡やチカモリ遺跡からは、紀元前800年頃の土層から巨大なクリの木を半割りし、円形に立てて並べた環状木柱列が発見されている。

第三章　出雲王国の成立

1．良質砂鉄の国

　イズモ族は日本海沿岸を南下したあと、最後に出雲の地に到達し、そこに定住したという。

　出雲は雪深い土地であった。最近でこそ雪は少なくなったが、昭和の初めごろまでは雪が深く、1年の半分近くは雪が残っていて、田畑が作れないような状態であったという。太平洋側にはもっと暖かい土地が多くあるのに、雪深い出雲にとどまった理由は、「出雲に黒い川があったからだ」と、出雲の旧家では伝えられている。黒い川とは、現在の斐伊川のことであった。現在でも、斐伊川の川底や河原には、砂鉄がたまって黒く見える所がある。この砂鉄の採集に適した土地であることが、出雲定住の理由であった。

　古代には、箕で黒い川砂をすくい砂鉄を集めていた。川の水の中で箕を揺らすと、軽い砂は浮いて流れ、重い砂鉄が箕の中に沈んで残る。それを繰り返して、砂鉄を集めていたという。

　出雲王国の前期のころは、葦の茎で編んだザルで砂鉄をすくい取っていた。そして、のちに竹で編んだ箕が作られ、砂鉄をすくう道具として使われたという。稲作が始まると、箕は農具としても使われ始めたという。

　そのため、斐伊川は、元々「箕の川」と呼ばれていたという。以前に使われていた「箕川郡」（現出雲市）という地名が、その名残であった。

古代には砂鉄採集は最も重要視されていたので、簸の川は聖なる川として崇められていた。「ゆまり」（小便）をすることも禁じられたという。ちなみに、「ゆまり」という言葉も、ドラビタ語の「マル＝小便する」という言葉が語源であると考えられる。『古事記』に、スサノオノ命が「屎まり散らしき」（糞尿をまき散らした）とあるのも同様である。

　出雲山地から流れ出る砂鉄は、真砂砂鉄と呼ばれ、酸化チタンなどの不純物が少ない最良の品質であった。砂鉄の中の鉄成分は酸化鉄の状態で存在するので、酸素を除去するために木炭（炭素）を入れ、還元反応で二酸化炭素として除去する必要がある。砂鉄は不純物が少ないと低温製錬が容易になり、還元性に優れるという特性がある。

　真弓常忠著『古代の鉄と神々』には、「銅よりも鉄の方が熔融点は高いが、銅は熔融しなければ製品ができないのに対して、鉄は熔融しなくても、700〜800度の熱度で可鍛鉄を得さえすれば、これを熱してはたたき、熱してはたたいて鍛造できる」と書かれている。（銅の融点は約1085度に対し、鉄の融点は約1535度）つまり、可鍛鉄をコンロで加熱した後、石器などで繰返し叩くことで、不純物や、内部に入り込んだ炭素分を低減させることができ、容易に鉄器を作ることが可能であったと考えられる。

　可鍛鉄は、古代は野ダタラで作られていたものと考えられる。安田徳太郎氏によれば、インド語で「タータラ」は猛火の意味で、そこから転化してタタラになったという。

2007年に出雲市の田儀小学校では、大野篤美教授の指導で、製鉄の体験学習が校庭で行われた。まず金バケツの真中に穴をあけ、七輪の上にかぶせた。次に七輪に木炭で火を起こし、10回に分けて砂鉄と木炭を入れた。そしてヘアドライヤーを使って、風を七輪の横口から吹き込んだ。すると1時間後には、直径2センチメートルの鉄の塊ができたという。この学習の内容は、小学生でも簡単に鉄を取り出すことができるということを示している。

　ところで、火力を強くするためには風を送る必要があるが、出雲王国の時代には風を起こす装置の鞴（ふいご）がまだ無かったので、自然風を使っていたものと考えられる。

　奥出雲の船通山（せんつう）の北風が強く吹きつける傾斜地に、直径70センチほどの深い穴でできた野ダタラの跡が残されている。そこでは火が焚かれ、木炭と砂鉄が交互に入れられた。そして、タタラの横の小穴から強風が吹き込まれると、700～800度まで加熱された。長時間の加熱のあとに、野ダタラの穴はこわされ、底に固まったケラ（鉧）が取り出された。それは上質な可鍛鉄で、刃金の材料となった。

　イズモ族は、その鉄を使って、ウメガイと呼ばれる両刃の小刀を作ったという。のちの時代の鉄器に比べると、質が悪かった可能性があるが、石器や銅器と比べると切れ味が良かったものと考えられる。ウメガイは木を削って日用品などを作るのに便利で、各地の豪族から好まれ、多くの人が土産と交換して帰ったという。

イズモ兵の末裔の出雲散家(さんか)がシンボルとした小刀も、ウメガイと呼ばれている。三角寛が出雲散家から聞いた話によれば、「ウメ」は「見事な」、「ガイ」は「断ち割る」の意味だという。また、出雲のヒノカワの辺りからの出土品といって見せられた古剣は、長さ七寸（20センチメートル）、幅一寸八分（5.5センチメートル）で、あまりにも立派なウメガイであったという。

　イズモ族が出雲に定住したもう一つの理由として、出雲が良港であったことが考えられる。出雲北部の島根半島は、天然の防波堤になっており、中海は、波が静かで、港とするのに好都合であった。出雲では、銅や鉄、玉類が産出したので、交易の船が他国から来ることが多かった。特に鉄が各地の人々に好まれ、買いに来る人で出雲の港や周辺の村は賑わったという。
　時が経つうちに、イズモ族は出雲の地を交易だけでなく、お互いの交流の場として活用するようになっていった。
　イズモ族の王は、現在の神魂神社(かもす)（松江市町大庭町(おおば)、カバー写真の表）の地に、王宮をつくった。王宮の前の広場は王庭(おおば)と呼ばれ、人々が交流の場として集まるようになった。のちに王庭は大庭という字に変えられた。王宮前の川は、王川(おうかわ)（現在の意宇川(おう)）と呼ばれた。古代には川の底が深かったので、大庭の宮殿前から小舟で王川を下ることができたという。

その川が流れ込む海は、王の海（現在の中海）と呼ばれた。王川の河口近くに、阿太加夜神社（松江市東出雲町出雲郷）があり、社の脇に万葉集の歌碑がある。

　　　飫宇の海　河原の千鳥　汝が鳴けば
　　　　　わが佐保川の　思ほゆらくに
　　　飫宇の海　潮干の潟の　片念に
　　　　思ひや行かむ　道の長手を

それは、出雲守・門部王が奈良の都を思って詠んだ歌であった。飫宇の字は、「王」の当て字であった。

２．出芽の国

　イズモ族どうしの交流が盛んになった結果、かれらが日本に上陸してから千数百年の時を経て、民族統一の気運が生じた。そして、日本で初めて統一的な広域王国が成立した。この王国のことを、出雲王国と呼ぶ。

　ここで、出雲王国の成立年代について考えてみたい。出雲の旧家の伝承によると、『日本書紀』ではヤマト政権の初代大王の即位年代は、実際よりも古い時代にずらされて、あたかも出雲王国が成立した頃に即位したかのように書かれたという。

　つまりこの伝承によれば、『日本書紀』の初代大王の即位紀元（干支は辛酉）すなわちB.C.660年の頃に、出雲王国が成立したことになる。

この出雲王国は、武力による統一王国ではなく、同じ宗教により結ばれた王国であったという。王家は、クナト王の直系の向(むかい)家であった。各地の豪族を「言向(ことむ)けた」（言葉により説得した）ことから、古くはムケ家と言われた。「言向(ことむ)け」の言葉は、のちには「征服する」という意味で使われるようになった。

『出雲国造家文書』の「国造北島道孝覚書」には、向家について次のように書かれている。

　　　向ハ平(ことむけ)ナリ、…　二神ヨリ授ケラレタ広矛(ひろほこ)ヲ所持テ
　　　国ヲ平シ時云々、…　向(むかい)上官職ハ右の平ナリ、…

　上記の二神とは、向家の先祖のクナトノ大神と幸姫命(さいひめのみこと)のことであった。また、広矛とは王権の象徴であった。

　王の職名は、「大名持(おおなもち)」と呼ばれた。奈良県吉野には、この呼び方の「大名持神社」が残っている。

　なお古代には、亡くなった人の名は最後に「命(みこと)」をつけて呼ばれたが、この本では生きていた時の話をするときは、命を省略して呼ぶことにする。

　初代大名持は、各地の豪族の意見によく耳を傾けたことから、八耳王(やつみみ)(菅之八耳(すがのやつみみ))と呼ばれた。かれの后は、稲田姫(いなだ)という御方であった。稲田姫は、現在の須賀神社（雲南市大東町須賀）の地に実家があり、そこから王宮に輿入れしたという。

　イズモ族は、年2回、春分の日と秋分の日に各地で祭りを

行った。そして、それらの日を元日として、半年を１年とした。つまり、春からはじまる半年を夏歳１年、秋からはじまる半年を冬歳１年とした。また、春秋の元日に年齢を加えていったので、古代人の年齢は現代人の２倍の数え方であった。

『三国志』「魏書」の注には、古代和人の年齢について、「その風習では、正歳の四季を知らない。ただ、春の耕作の時と、秋の収穫の時を数えて、一年に二歳としている」と、書かれている。

縄文から吉野ヶ里時代までは、現在の１年を２年と数えるイズモ暦が使われた。『古事記・日本書紀』（以下、『記紀』と呼ぶ）では、ワカタケル大君より前の大君の治世年数を、イズモ暦で記述している。

その後、イズモ族の各地の代表は、春分・秋分の日に出雲の王宮の前に集まり、大祭を行うようになった。そして、大祭に参加した人々は、土産物を向家に捧げるようになった。それが、倉に山と積まれた。その様子を見て、人々は向家(むかいけ)のことを富家(とみけ)とも呼ぶようになった。

もともと出雲では、富のことをトビと発音した。出雲王国では、稲は富草(とびぐさ)とも言われた。クナト王がインドから、稲の種を持って来たとの伝承があった。それで稲は、クナト王の家系にちなみ富草と呼ばれた。この稲とは、陸稲であった可能性が考えられる。

稲田姫の名は、田の女神の名としても使われた。稲の豊作を祈る際に、稲田姫が祀(まつ)られたという。この名前は、出雲王国の前期の時代に、すでに稲作が始まっていたことを示している。

　出雲国は、もとは「出芽(いづめ)の国」と呼ばれた。イズモ族が住んでいた熱帯のインドでは、常緑樹が濃緑色に茂っていた。ところが、移住先の雪深い出雲の地では、春に出て来る新芽の緑色が、目にしみるように美しく感じられた。イズモ族はその色を愛でて、自分たちの住む地方を「出芽(いづめ)の国」と呼んだ。それは、伸びて発展する縁起の良い名前だと考えられた。また「出芽(いづめ)」には、日本の文化がここから生まれ出たという意味もあり、かれらの誇りが込められた呼び名でもあった。のちにその発音が変化して、「出雲の国」になったと伝わる。それで王家の向家（富家）は、出雲家と称することもあった。

　のちに向家では、分家と区別するため、本家のみが富家を名のって良いとの決まりができた。その家は現代でも富家として続いているので、この本では以下、向家のことを富家と呼ぶことにする。

　富家の現当主は、クナト王から数えて第190代目であると伝えられている。この伝承は、イズモ族が日本に渡来した年代を考える際の目安になる。1代あたり20〜30歳とすれば、イズモ族が約4000年以上前に渡来したという伝承ともおおよそ一致する。

イズモ族は日本に移住したあとも、インドと交流を続けていたらしい。たとえば「子持壺」と呼ばれる土器が、日本の遺跡から発掘されるが、南インドにはそれと似た形の五面鼓と呼ばれる壺がある。その壺の５つの口には革がはってあり、両手で叩く太鼓として、今でも祭りの際に使われるという。

　この五面鼓を模した土器が、南インドの古代人の墓からも発掘される。人野晋著『弥生文面と南インド』には、「日用品を多数副葬する南インドの慣習として、あの世でも楽器によって音楽を楽しんでもらいたいとの思いからだろう」と、書かれている。

　この風習は、イズモ族が日本に移住したあとに、インドから取り入れたらしい。その後の時代につくられた日本の子持壺は、もともとのインドでの使い方が忘れられたのか、小円筒の口が小さくなったり、数が多くなっているものもある。

３．サイノカミ信仰

　出雲王国の国教は、インドから持ってきた信仰が基になった。民族の先祖の霊を守護神として、サイノカミ（幸の神）と呼んだ。サイノカミは、子孫繁栄の神であった。子孫繁栄には、結婚と出産が必要となる。それで、サイノカミは、「縁結びと子宝の神」とも言われていた。

　サイノカミは、３人の家族神として構成された。父神は、

クナト王の名前を使い、クナト（久那斗）ノ大神とされた。母神は、サイヒメ（幸姫）ノ命と言われた。息子神は、インドのゾウ神のサルタ彦大神が当てられた。この三柱の家族神は、サイノカミ三神と呼ばれた。この三柱の神が、子孫の日本人を守る仕事をすべて分担しているので、イズモ族は三柱にちなんで３の数を聖数として尊重した。「三拍子そろって、芽出たい」という言葉は、このことから来ている。

　結婚式で、新郎新婦が「三三九度の盃」を飲み交わすのは、３の聖数にちなんで、夫と妻と子供の三体が子々孫々と続くことを祈る意味がある。「九度」には、「クナト」の意味も込められている。使われる三つ重ねの盃は、大きい盃は花婿を、中の盃は花嫁を、小さい盃は生まれてくる赤ん坊を象徴している。

　ところで出雲王国は、３世紀に第二次モノノベ東征により滅亡した。占領軍の頭のモノノベ家は秋上家を名のり、富家の宮殿の建物を住居とした。その後、モノノベ王朝が衰退すると、宮殿の建物を神魂神社に変えた。秋上家は、クナト大神をイザナギ大神に、幸姫命（さいひめのみこと）をイザナミ大神に変えて、神魂神社で祀った。『記紀』では、それを真似してイザナギノ命とイザナミノ命の名を使うようになった。『古事記』では、イザナギノ命が禊（みそぎ）をした時に「伊豆能売神（いずのめ）」が生まれたと書いているが、それは「出芽（いずめ）」を意味していると考えられる。

第三章　出雲王国の成立

　日本の神々の中で「大神(おおかみ)」と呼ばれたのは、クナトノ大神や天照大神、イザナギ・イザナミ大神、サルタヒコ大神であり、すべてサイノカミの神、またはその化身であった。このことから、日本ではサイノカミが最高に尊敬されていたことがわかる。

　クナトノ大神は、『日本書紀』では「来名戸(くなと)の祖神(おやがみ)」と書かれた。つまり、クナトノ大神が日本人全体の先祖であることを示す。そして、クナトノ大神と幸姫命の夫婦神が、多くの神々を産んだとされる。神々を産む様子は、『記紀』のイザナギ・イザナミ神話に書かれている。そこで夫婦神を、「むすびの神」と呼ぶ。クナトノ大神は、神々を産んだことから「神魂神(かみむすび)、または、神魂命(かみむすびのみこと)」とも呼ばれた。その名前は、神魂(かもす)神社に残っており、カモスの発音は、カム(神)ムス(魂＝産む)からきている。そのため、クナトノ大神の直系の富家は、神魂家と書いてカミムスビ家やカムタマ家とも呼ばれた。

　この神は、フナトノ神（船戸神）とも呼ばれた。『古事記』では、イザナギ大神が禊(みそぎ)をする際に、最初に投げ捨てた御杖から成った神・衝立船戸神(つきたつふなとの)として登場する。

　クナトノ大神の御子・サルタ彦は、曲玉(まがたま)の首飾りをつけ矛を持つ姿で描かれた。曲玉や矛は、偉い神である印であった。また若くて元気なサルタ彦は、村境の峠道や、境の川の橋で、賊や悪霊の侵入を防ぐ守り神の役目を与えられ、「道

の神」とか「岐の神」とも呼ばれた。そのため、サルタ彦の大きいおそろしげな人形がワラで作られ、峠道や橋に飾られた。それは、外敵をおどかすことを目的とした習慣であった。今でも長野県や東北地方で、サルタ彦人形を飾る習慣が残っている。サイノカミのサルタ彦が川岸に置かれる場合は、その河原が「サイの河原」と呼ばれることもあった。

　サイノカミは道の神であることから、チマタ（分かれ道）の神でもあり、チマタには幸姫命が宿ると考えられた。チマタからは、四方八方に道が伸びることから、子供たちの中心にいる母神として、幸姫命を「八地股姫（八岐比売）」と呼ぶこともあった。この呼び方には、母親中心の母系家族制の思想が表れている。その名前にちなんで、８もサイノカミの聖数とされた。熊野のヤタガラス（八咫烏）の名前も、この聖数にちなんでいる。

　太陽の光が八方に伸びていることも、８が聖数である理由の一つであった。イズモ族は、インドから太陽の信仰を持ってきたと言われる。イズモ族は早寝早起きで、毎朝薄暗いうちに起き、東から上る朝日を家族全員で拝む習慣があったという。その拝んだ場所では、朝日という地名がついていることがある。

　たとえば出雲王国の北端の「越の八口」（新潟県）には、東方に朝日岳という山がある。島根県松江市にも朝日山という山があり、朝日の遥拝地であったと伝わる。

4．竜神信仰と神名備山(かむなび)

　イズモ族は、インドのガンジス川にワニがいたことを覚えていた。ワニは怖がられて、川の神に祭り上げられた。同じように、コブラも怖がられて、森の神に祭り上げられた。コブラは、尻尾を切られても再生できる。その再生力も尊敬の対象とされた。その二つの神が合体されて、竜神信仰が生まれた。

　その信仰を、イズモ族が日本に持ってきた。その竜神が、サイノカミの人格神の次に重要な従属神とされた。イズモ族は、竜神をワラで作り、木に巻きつけて拝むようになった（図5）。巻きつけられた木も神木とされ、「斎(さい)の木（または、ハバキ）」と呼ばれた。それは、サイノカミが宿る聖木信仰であった。その聖なる木は「禁樹」とも書かれ、伐(き)るのは禁じられていた。斎の木の祭りは、現在も山陰地方で盛んに行われている。

　イズモ族は、日本でワニの代わ

図5　斎ノ木と竜（阿太加夜神社）

りの恐ろしい動物を探した。その結果、海中でサメを探し出した。山陰地方では、サメのことをワニザメやワニと呼ぶ。昔は、丸木舟のことを、ワニ舟と呼んだという。

　日本海に面する青谷上寺地遺跡（鳥取市青谷町）から出土した木板にはワニザメの絵が描かれ、イズモ族のワニザメに対する親しみと尊敬の気持ちが感じられる。

　またイズモ族はコブラの代わりに、信仰の対象にふさわしいヘビを探した。すると、秋に出雲地方の海岸にセグロウミヘビが流れ着くのを見つけた。そのヘビは、数が少ないので貴重であった。

　のちにこれを海岸で見つけた人が神社に奉納し、代わりに報奨を受け取るようになった。神社では剥製（はくせい）にして、トグロの形に整えご神体にした。それを出雲の人々は、「竜蛇神（りゅうだ）」と呼ぶ。このセグロウミヘビは尻尾が平たく、そこに六角形のウロコ模様があるという特徴がある。そのため、出雲では六角形が聖なる形とされる。出雲の重要な神社の神紋は六角形で、「竜鱗紋（りゅうりんもん）」と呼ばれる。この紋は亀とは関係がないので、「亀甲紋（きっこう）」とは呼ぶのは誤りである。「竜蛇神（りゅうだ）」は、熊野大社や出雲大社、美保神社、佐太神社などで大切に祀（まつ）られている。

　セグロウミヘビは沖縄近海の亜熱帯地方に住んでいるが、対馬暖流にまぎれ込んで、山陰地方の海に来る。海水がだんだん冷たくなるので弱るらしく、11月の北風の吹く日に波に押されて海岸に打ち上げられる。

各神社では、近くの浜にあがったウミヘビをお祭りする。出雲大社では、ウミヘビが流されてくる旧暦10月（新暦の11月頃）に、稲佐の浜から竜蛇神をお迎えする神迎祭(かみむかえさい)が行われる。出雲の「神在月(かみありづき)」とは、もともとは「竜蛇神の現れる月」の意味であった。

　ちなみに「神無月(かんなづき)」とは、もともと「神嘗月(かんなめづき)」から変化したものであった。それは、神に新米の御饌(みけ)を捧げる月、という意味であった。それが神無月と漢字でかかれるようになってから、全国の神々がいなくなると誤解された。出雲では、それらの神々が出雲に集まるので神在月という、と宣伝された。

　また出雲大社の東西の十九社は、神在月に来訪する神々の宿舎であると説明されているが、実際は明治時代に村の小社を整理して大社境内にまとめたものであった、と伝わっている。

　出雲王国時代は、ヘビのトグロに似た円錐状の山を神名備山(かむなび)と呼び、信仰の対象とした。大山(だいせん)は伯耆富士(ほうき)と言われるように先のとがった円錐状の形をしており、元々は火山であったので、出雲王国時代は火神岳(ひのかみたけ)と呼ばれた。また大神山(おおかみやま)とも呼ばれ、クナトノ大神が宿る神名備山と考えられていた。ナビとは古語の「隠(こも)る」の意味であったので、神名備山とは神の隠る山という意味であった。

　王宮のある大庭からは、大神山の崇高な姿が見えた。年2

回の大祭の時には大名持の后が司祭となり、大神山に宿るクナトノ大神を遥拝した。そして神への感謝と、人々へのご守護を祈った。

　米子市尾高の大神山神社も、もとは大神山の遥拝地であった。『古事記』に登場する大山津見（大山津見、大山祇）神とは、もとは大神山に宿るクナトノ大神のことであった。

　また丸い形の山は、女神山とされた。古代人は丸い形を見ると、妊娠した女性の腹の形を連想したのであろう。古代人は、妊娠や出産に対して神秘性を感じており、子供が生まれることに対する感謝の念も強かった。たとえば大庭から見える茶臼山は形が丸く、幸姫命が宿る女神山として、大祭の時に遥拝された。

　また出雲の西方の三瓶山も、もともとは「佐比売山」と呼ばれ、幸姫命の宿る神名備山とされた。「佐」の字は、「幸」の字から変わったものだった。この山の名前は、現在はもとの意味がわからない名前に変えられてしまっているが、出雲王国時代の由緒のある「佐比売山」に戻すべきである。石見銀山にある佐比売山を遥拝する神社では、幸姫名前を大事にして、今でも佐毘売山神社（大田市大森町）の名前を残している。大田市鳥井町や大田市多根にも、佐比売山神社がある。この本でも、この山のことを「佐比売山」と呼ぶことにする。

　のちに幸姫命は、ヤマト国の三輪山にも祀られた。三輪山

も丸い形であるので、女神山とされた。三輪山の麓には狭井神社や狭井川があり、もともとは幸姫ゆかりの幸字が使われていたという。

　また、三輪山からは朝日が昇るので、幸姫命は太陽の女神でもあると考えられるようになった。そのあと、幸姫命は三輪山から伊勢神宮・内宮に移されたが、そこでは太陽の女神・天照大神として祀られた。

　クナトノ大神の御子・サルタ彦大神は、もともとはゾウ神であったので、「鼻高彦」とも呼ばれた。サルタ彦大神の宿る神名備山は、島根西部の北山山地の最高峰・鼻高山であった。鼻高山は、他の山々に比べて、台形状に一段高くなっているので見つけやすい。ドラビタ語では、象の鼻のように突き出たものを「サルタ」と呼ぶ。古代人は、この一段高い山の姿に、サルタ彦大神を重ねて見たのであろう。鼻高山の南麓の遥拝地には、今は出雲神奈備神社（出雲市里方町）がある。

5．出雲王国のマツリゴト

　出雲王国の大祭の行事は、「マツリゴト」と呼ばれた。その行事の一つに、法律や規則を決める寄り合い（会議）があった。その会議で決められた法律や規則により、王国の領土が統治された。その行事会議の取りまとめは王である大名持

が行い、会議で決められた条文は、ユウと呼ばれる樹皮紙に記録された。その紙は、豊後国の由布岳で最初に作られたので、「ユフ」と呼ばれたという。のちにその地は、湯布院と呼ばれるようになった。ユウは、梶の樹皮をはいで水にひたし、内側の甘皮を除いただけの皮板であった。それは、古代エジプトで紙の代わりに使われていたパピルスにも似ていて、墨汁で字を書くことができた。これを使い始めた時期は、シナで紙が発明されたと言われている時期（紀元前2世紀）より古いという。

　法律や規則の条文は、「出雲八重書き」と呼ばれた。「八重」とは、数が多いという意味である。出雲八重書きは、各地に持ち帰られ伝えられた。

　イズモ兵の末裔・出雲散家の厳しい掟も、ヤエガキと呼ばれている。須賀神社には、ヤエガキについて詠んだ次の和歌が伝わっている。

　　ヤクモタチ　イズモヤエガキ　ツマゴメニ
　　　ヤエガキツクル　コノヤエガキヲ

　これは一般的にはスサノオが詠んだ歌とされているが、実際にはイズモ族がつくった歌であり、スサノオとは無関係である。

　三角寛著『サンカ社会の研究』には、この歌の正しい解釈が書かれている。要約すると以下の通りである。

　〈出雲憲法の喜びの歌〉
　　自分たちイズモ族に暴漢はいない（ヤクモタチ）

婦女暴行（ツマゴメ）に対する憲法（イズモヤエガ
　キ）がある
　　憲法を制定して、その憲法をいま手にして（ヤエガキ
　ツクル）、この憲法を守るぞ（コノヤエガキヲ）
　つまりこの歌は、婦女暴行（一夫多婦）を禁じた「一夫一婦」の掟（やえがき）についてのものであった。イズモ族は、この掟（やえがき）が特に良い法律であると喜び、歌にしたのであった。
　ただし有力豪族は、多くの血縁関係をつくって他国と同盟を結ぶ必要があったので、一夫多婦制が認められていた。

　またマツリゴトの場では、各地の代表から珍しいできごとや、大きな事件や、地震・天候異変などが報告され、同じように記録された。その記録紙の束が、近年まで旧出雲王家の富家に残されていたという。その文は横書きで、古代インダス文字のような字で書かれていた。また、夏歳１年、冬歳１年ごとに記録されていたという。（その貴重な記録は、人に貸したことで残念ながら失われてしまった。）
　会議の終わりには、締めの拍手を三つ打った。その数は、サイノカミの聖数であった。
　また大祭の期間中には、各地の豪族どうしが親睦を深め合い、情報交換を行った。その際に豪族どうしが、息子や娘の縁談を決めることが多かった。サイノカミの大祭の時に多くの縁談が決まったので、サイノカミは「縁結びの神」と考えられるようになった。現在の出雲の地が、縁結びの地と呼ば

れているのも、このことから来ている。

　王国内の結束を固めるために、古代は血縁が重要視された。各地の豪族は、王家の姫を嫁に迎えたがった。王家と血縁のできた家は、王族であることを示す「オミ」を名のる資格を得た。血縁のない家は、オミを名のることは許されなかった。オミは「御身」という意味であったが、のちには「臣」の漢字が当てられた。それで王国内に、次第に臣のつく家柄が増加した。

　この臣の名称は、のちに大和政権でも使われ、連(むらじ)などとともに家柄を示す氏姓制度に取り入れられ、重んじられた。太臣(おおのおみ)や和邇臣(わにのおみ)、安倍臣、蘇我臣などの大和政権の多くの有力豪族は、出雲王家と血縁関係があった。

　また『出雲国風土記』の各郡の末尾に、郡司（郡を治める地方官）の役職名と氏が書かれており、臣のつく家が並んでいる。各郡の記事を書いた責任者が、その郡の大領(たいりょう)であった。たとえば、大原の郡には、「大領：勝部臣(すぐりべ)、少領：額田部臣(ぬかたべ)」と書かれている。神門の郡には、「大領：神門臣(かんど)。擬少領：刑部臣(おさかべ)」と書かれている。このことから、出雲では奈良時代まで、王家の親族は有力者と見なされていたことがわかる。

　出雲王国の大祭のときには、王宮前の広場で神事綱引きが行われたという。綱引きの勝敗で、何らかの占いをしていたものと考えられる。また、神事相撲も行われ、男女対抗の紅

白試合もあったと言われる。紅組が女性で、白組が男性であったという。

大祭の最後には、一同そろって永久の弥栄(いやさか)を祝い、「イヅメ！イヅメ！イヅメ！」と万歳三唱をした。3はサイノカミの聖数であった。

6．二王家による統治

古代ギリシアのスパルタは、二王制であった。出雲王国でも、同様に二王制が採用された。

初代大名持・八耳(やつみみ)王と稲田姫の間には2人の王子がおり、東西王家として、直轄地を分けた。東王家は富家であり、西王家は郷戸家であった。二王家は、互いに協力し合って王国を統治した。

主王は大名持(おおなもち)、副王は少名彦(すくなひこ)という役職名で呼ばれた。両家の当主のうち、年長者が大名持(おおなもち)になり、年の若い方が少名彦(すくなひこ)になった。

『古事記』には、出雲王国の主王（大名持）・17代の名前が書かれている。それは干干が一系のように書かれているが、実際は二王家がほぼ交替で就任した。

王国前期の主王の名前は、以下の通りであった。『古事記』に書かれた漢字は当て字であったので、出雲王家に伝わる漢字で示す。初代は菅之八耳(すがのやつみみ)（富家）、2代目は八島土之身(やしまじぬみ)

（郷戸家）、3代目は兄八島士之身（富家）、4代目は布葉之
文字巧為（郷戸家）、5代目は深淵之水遣花（富家）、6代目
は臣津野（郷戸家）、7代目は天之冬衣（富家）、8代目は八
千矛（郷戸家）、9代目は鳥鳴海（富家）であった。（巻末付
録の系図参照）

　少名彦は、『日本書紀』では「少彦名命」と字が逆転して
書かれたが、書かれた時代と場所が異なるため誤って伝わっ
たものと考えられる。出雲王国の領内で書かれた『出雲国風
土記』と『伯耆国風土記（逸文）』では、「スクナヒコ（須久
奈比古、少日子）ノ命」という正しい発音で書かれている。
「少名彦」の呼び方が正しいことは、その子孫の家でも伝え
られている。
　また少名彦は、『古事記』でガガイモの実の船に乗る小人
と書かれたが、実際には小さい人間ではなく「若い殿」とい
う意味であった。「彦」は、王子を意味した。

　大名持と少名彦は、春秋の大祭に参加するように各地の豪
族たちを説得して回った。『丹後国風土記（残欠）』の伽佐の
郡・志楽の郷には、2人の説得の様子が書かれている。
　〈枯木浦〉
　　枯木浦はむかし少名彦命と大名持命の二柱の神が国造
　りなさる時に、海路の途中で島々を集合させた。そし
　て、笠松山の嶺に登り、息の限りに呼んで、「彼来彼来」

と言われた。すると、四方の島がおのずから来て並んだ。それで、彼来と名がついたという。

　東王家と西王家は、別々の王宮に住んでいた。西王家の郷戸家の当主が大名持に就任した時は、神門の王宮で春秋の大祭が行われた。その王宮は、神門郡の真幸ヶ丘・智伊神社（出雲市知井宮町）にあった。王宮のあった真幸ヶ丘は、古くは山崎ヶ丘と称されていた。この名前は、郷戸家出身の最後の出雲王・山崎帯（たらし）にちなんだものと考えられる。
　その付近には、郷戸家にちなんだ地名が多かった。そこを流れる神戸川（かんど）は、もとは神門川（かむど）であった。神戸川河口の神西湖（じんざい）は、「神門の水海（みずうみ）」と呼ばれていた。
　神戸川の南の古志町の丘は、鼻高山の遥拝地であった。その地には、のちに神社が建てられた。鼻高彦はクナトノ大神の御子神であるので、その社は久奈子神社（くなこ）と名づけられた。そこにも、郷戸家の宮がもうけられたことがあり、付近を流れる川には新宮川という名がつけられている。
　西出雲王家の大祭が行われる時には、人々は幸姫命の宿る佐比売山と、サルタ彦大神の宿る鼻高山を遥拝した。

7．忌部氏（いんべ）の玉作り

　東西の王家は、それぞれの領地の特徴をいかして、別々の仕事を担当した。西王家は、斐伊川から砂鉄を採集する仕事

を担当した。

　一方の東王家は、花仙山(かせん)（松江市玉湯町(たまゆ)）からメノウ（碧玉）の原石を採集する仕事を担当した。

　花仙山では、安山岩の溶岩が噴出して冷えて固まる時に割れ目ができ、そこにメノウが形成された。それらを削って、曲玉や管玉(くだ)などが作られた。

　石に穴をうがつには細い鏨(たがね)が必要になるが、それは出雲産の鉄が用いられたと言われる。近くには、玉造(たまつくり)温泉があり、玉作り工房跡も発見されている。玉造温泉の最も奥まった所には、玉作湯神社（松江市玉湯町玉造）がある。神社の境内には、玉作跡出土品収蔵庫があり、神社の伝世品や玉作りに関する資料が収められている。

　この神社では櫛明玉(くしあかるたま)が祀(まつ)られており、境内には櫛明玉のものとされる墳墓もある。斎部（忌部(いんべ)）広成著の『古語拾遺(こごしゅうい)』に、「櫛明玉は出雲国の玉作りの祖なり。…八坂瓊五百箇御統(やさかにいほつのみすまる)の玉（いわゆる八坂瓊(やさかに)の曲玉）をつくった」と書かれている。櫛明玉は富家の分家の人で、のちにかれの子孫が忌部氏となったという。

　出雲王国時代は、富家の后や姫が姫巫女として王家の祭りを主催した。その祭りを助ける役が忌部氏で、玉石の採集と玉作りの仕事も担当するようになった。

　『出雲国風土記』では、玉造温泉の一帯のことを「忌部の神戸(いむべのかむど)」と呼び、その項には玉作りと温泉についての記事が書かれている。玉の原料は、メノウ以外に、コシの国（越後国(えちご)）

のヒスイも取り寄せられた。

　出雲王国時代は、玉の首飾りをつけていることが、豪族であることの証であった。各地の豪族は、地元の名産品を王家におさめると、曲玉の首飾りが与えられた。首飾りの無い者は、豪族とは認められなかった。曲玉は、生まれる前の胎児の姿と見なされたので、特に縁起が良いものだとされた。赤ん坊は、サイノカミが恵む宝だと信じられていたので、曲玉は子宝のお守りとして各地から求められた。

8．イズモ兵の組織

　出雲王国は、同じ信仰を持つ各地域の連合体として成立した。しかし、他の地域に対抗勢力が現われ、王国の領土をおびやかすことがあった。そこで王国の利益を守るために、イズモ兵の組織が調えられた。

　少名彦の職務は、軍事に関するものであった。大祭の時、少名彦の王宮の広場では、軍事訓練大会が行われた。これは、実際に侵入する外敵と戦うことを想定した訓練であった。春には15歳（古代の30歳）、秋には30歳（古代の60歳）の男女が集められた。訓練の内容は、次のようなものであった。まず、基礎体力を養成するために、小川を跳び越えながら走る訓練が行われた。また、高い藪を跳び越える高さを競った。また、夜の暗闇の中で、猛スピードで野山を走る訓練もあった。古代の夜は現代と異なり闇が深かったので、

その中を障害物に当たらないように暗闇の前方に棒を向けて走った。障害物に当たれば、そこをよけて走り抜けるように訓練した。そして、武器の訓練として弓矢での射的や、石つぶてを的に当てる競技が行われた。そして、競技の結果が記録され、能力の順位が決められた。上の順位の者が、各地区の軍事指導者に選ばれた。王宮と各地との連絡網も作られた。

　ところで、イズモ兵は忍者の祖でもあった。出雲王国が滅亡した３世紀以降に各地に散った兵士は、「出雲散家(さんか)」や「出雲忍者(さんか)」と呼ばれた。出雲では出雲散家のことを、「山家(やが)」や「山(やま)の人」と呼ぶこともあった。
　かれらは「散自出雲(さんより)」という秘密組織をつくって、お互いに協力しあった。出雲王国が滅亡したあと、富家はその秘密組織を指揮して各地の大事件の真相を探らせていた。それは、まるで出雲王国時代の報告者組織が、再び復活したような組織であった。その結果、日本史の真実の情報は富家に集まり、代々伝えられることになった。それで、富家は出雲では「日本史の家」と呼ばれた。
　熊野大社（松江市八雲町）で春と夏に行われる大祭には、北は越前国から南は筑前国まで、各地の出雲散家の代表が参列し、聖山・熊野山（天宮山）を遥拝した。かれらは、大社の近くの出雲散家の家で、白い装束に着替えてから参拝した。そして祭りの際には必ず、代表者が富家に挨拶しに来

ことになっていた。祭りの後には、霊山・熊野山の樹木の小枝を持ち帰り、参拝の証拠として地元の人々に見せる習慣があった。のちに杵築大社（出雲大社）ができてからは、かれらはその社に正月の元旦早朝に参拝するようになった。その習慣は明治時代まで続けられたという。

　その習慣は途絶えてしまったが、富家と出雲散家の人との間の付き合いは、今でも続いているという。

　出雲散家の子孫は、明治時代ころまで各地で忍者として活躍していた。丹波国は、出雲忍者の集団移住地であった。綾部市のJR山家駅の近くには、アヤタチという大親分の広い屋敷があった。出雲忍者の子供は年頃になると、そこに行って忍術を練習する習慣があった。その練習とは、初めは幅のある小川を勢いをつけて、なるべく遠くへ跳びこえ逃げる練習だった。そのほか崖をよじのぼったり、樹木にすばやくのぼって隠れたり、屋根の上を走りまわる練習もあった。身近な小物を使って攻撃し、相手がひるんだ隙に逃げる練習もあった。

　サルタ彦大神を崇拝した出雲忍者の出身者には、能・狂言の観阿弥、世阿弥たちや、歌舞伎の出雲阿国がいて、芸能文化の発展にも大いに貢献した。近代に学生の間で流行したデッカンショ節は、その事情を示している。

　　丹波　篠山　山家のサル（出雲忍者）が　ヨイヨイ
　　花のお江戸で芝居（歌舞伎）する　ヨイヨイデッカンショ
　　有名な伊賀や甲賀の忍者も、出雲散家から分かれた人々で

あった。南北朝時代の楠正成や戦国時代の豊臣秀吉も、もとは出雲忍者の出身者として活躍した人物であった。

出雲忍者は、先祖代々の強い規律と団結心を持っていたので、戦国武将に重宝された。たとえば、戦国大名の真田氏は出雲忍者を活用したので、真田氏の領地（長野県上田市）には山家(やまが)神社が建てられた。

9．出雲王国の拡大

出雲王国の軍備が整えられ、領地の拡大が始まったのは、6代大名持・オミヅヌの頃であったという。

『私製出雲風土記』の意宇(おう)郡・母理(もり)の郷に、記事がある。

　　天の下造らしし大神(おおかみ)、大穴持（大名持）命が、越(こし)の八口(や)を平定になりお帰りになるときに、長江山においでになって、おっしゃった。「…出雲の国は、私が鎮座する国として青垣のような山々をめぐらせて、宝玉を置いて守ろう」と。だから、母理（守）の郷といった。

この文は、オミヅヌがコシの国の対抗勢力を討ち、平定したことを意味している。八口とは、新潟県岩船郡関川村八ツ口や、新潟県朝日村のあたりとされている。コシの国三面(みおもて)の川流域が出雲王国の北端であったという。

関川村八ツ口の県境を越えた所には、「船渡(ふなと)」（山形県小口町）の地名がある。それは、クナトノ大神のクナトの発音が「フナト」に変わり、当て字がつけられたものである。

そこの山ではイズモ族が太陽を拝んだので、朝日岳の地名がある。朝日岳の西にはサルタ彦大神の祠があり、その「サルタ」が当て字され、「猿田」や「猿田川」となった地名がある（新潟県村上市）。その地には、出雲式製鉄の技術者が住んだらしく、鋳物師(いもじ)の地名もある。
　三面(みおもて)集落は近年のダム建設で水没してしまったが、建設前の発掘調査では、縄文時代の巨大なストーンサークルや集落跡などが見つかり、その地に古くから人が住んでいたことがわかっている。
　『越後奥三面(みおもて)』（民族文化映像研究所発行）という本には、ダム建設によって失われる以前の三面(みおもて)の人々の生活が記録されている。それは、イズモ族の縄文時代の習慣を色濃く残したものであった。
　たとえば、食料の大部分は縄文式の焼畑農業でまかなっており、ソバや小豆、粟(あわ)・稗(ひえ)などをつくっていた。ゼンマイやアサヅキなどの山菜採りもおこなわれた。カモシカやクマ、ウサギなどの狩りも行われた。獲物を獲ると、肉を山の神に捧げて祈る。そして、戒律や作法を守ることを誓った。これは、出雲散家の習慣にも似ていた。猟の際に小屋で釜を吊るす道具も、出雲散家のテンジンという道具に似ていた。
　そこの年中行事は、サイノカミ信仰によるものが多くおこなわれた。たとえば大晦日(みそか)の日には、歳徳様と呼ばれる正月の神様を迎える行事をした。1月15日の小正月には、木の枝に米の粉でつくったダンゴを刺し、その他にマユダマやミ

カンなども吊るす。そして、その木をタブチ（田打ち）様という柱にしばり、農作物や木の実がたくさんできるようにと願った。5月5日のユイ節句には、家々の入口や窓の上にヨモギとショウブをさし、魔よけの行事をした。田植えが終わると、神様に感謝する行事がおこなわれた。それは「サナブリ」と呼ばれ、ホオの木の葉っぱに煎った豆を包んで、神に捧げた。8月の迎え盆には、人々はストーンサークルのような自然石の埋め墓にお参りし、迎え火をたいて祖先の霊を家にお迎えした。そして、盆踊りをして霊をなぐさめたあと、また霊を天国へお送りした。

　12月には、山の神の祭りが行われた。村の中央には大山祇神社があり、山の神やたくさんの神々が祀（まつ）られていた。祭りの日には、白い半紙に馬の形を押した駒形に笹でつくった弓矢をつけて（男性の象徴）、山の神（女性神）に供えた。年末になると、村はずれに置いた松（嫁の象徴）を家に迎え、家の前に立てたススハキのほうきとシバボウキ（夫の象徴）のそばに立てて、松迎え（結婚式の象徴）をした。

　『出雲国風土記』の神門の郡・古志の郷に、次のように書かれている。
　日渕川の水を引いて、池をつくった。そのとき古志の国に人々が来て、土手をつくった。その人々が、宿り住んだ所である。そのため、古志という。
　出雲王国に平定された後、コシの人々が出雲まで奉仕作業

をしに来たらしい。その人々は作業が終わると、王から褒美の品を下賜されて帰郷したが、一部の人はそのままその地に住みついたので、古志の地名が残ったものと考えられる。

　古代には、島根半島は島であった。長い時間をかけて斐伊川が土砂を流し、陸地と島がつながった。その話をヒントにして、『出雲国風土記』の意宇郡にオミヅヌの国引きの話が書かれた。

　　八束水臣津野(やつかみずおみづぬ)は言われた。「出雲の国は、狭い布のような若い国だ。国の初めは、小さく作ったことだ。ならば、土地を縫い合わせて大きくしよう。」…

　　「新羅の岬に、国の余りがあるぞ」と言われ、…綱をかけて、…「国よ来い、国よ来い」と掛け声を上げながら引いた国は、杵築(きづき)の岬だ。国を固定するために立てた杭は、石見の国と出雲の国の境にある佐比売山(さひめ)だ。また、持っていた引き綱は、園(その)の長浜だ。…

　　また、「越の都都(つつ)の岬(現在の能登半島の珠洲(すず)岬)に、国の余りがあるぞ」と言われ、…綱をかけて、…「国よ来い、国よ来い」と掛け声を上げながら引いた国は、美保の岬だ。持っていた引き綱は、夜見(よみ)の島だ。国を固定するために立てた杭は、伯耆の国の火神岳(現在の大山)だ。

　この国引きの話は、出雲王国が領土を増やしたことを示し

ている。各地の豪族は王の姫の娘を嫁に迎えることを望んだ。王国は、それらの豪族との血縁の結びつきで成り立っていた。またオミヅヌは、王国の領土を増やすために、各地の豪族の娘たちとの婚姻関係を精力的に増やした。

オミヅヌは、神門臣家に養子に迎えられた人であったと伝えられている。鳥取県の姫路神社（鳥取市気高町八束水（やつかみ））が、かれの生家であったという。この神社は、かれの母君の閇知泥姫（へちね）と関係があると言われる。

オミヅヌの后は、フテミミ（布帝耳（ふてみみ））というお方であった。オミズヌとフテミミは、現在は長浜神社（出雲市西園町）に祀（まつ）られている。

オミヅヌの息子の1人はアタカタス（吾田片隅）と呼ばれ、北九州に行き、宗像（むなかた）家（神門臣家の分家）を興（おこ）した。その家は北九州の大豪族となり、のちに宗像（むなかた）大社（福岡県宗像市田島、図6）の社家になった。平安時代に作られた『新撰姓氏録（しょうじろく）』には、「宗形（宗像）（むなかた）君は、大国主命六世孫吾田片隅（あたかた）命の子孫である」と、書かれている。

『日本書紀』や、『筑前国風土記（逸文）』では、宗像の字を「胸肩（むなかた）」と書いている。古代の人々は九州各地を行き来して、九州全体の形を人間の体としてとらえていたようである。国東半島は人の頭部、肥前国は両手に見立てられ、薩摩半島は前に出した足、大隅半島は後ろの足と考えたらしい。そうすると、筑前の北部海岸のあたりは、「胸、肩」に相当する。それで、そこの地名が「胸肩」となった。この宗像の地が、

第三章　出雲王国の成立

図6　宗像神社辺津宮（福岡県宗像市田島）

古代出雲王国の西の端であった。また、九州には古代に「あた」と呼ばれる地名が数か所あった。それで、吾田片隅という個人名ができた。

　古代の和国は母系家族制であった。家の祖先神の祭祀は、家主の母が行い、祭祀跡継ぎは娘たちが行った。豪族アタカタスの娘たちは、それぞれが宮をつくり祭祀を行った。その地方の人々は各宮に集まって、地方を開いた豪族家の神を拝んだ。

　次女のタギツ姫は辺津宮の祭祀を行い、長女のタゴリ姫は沖津島（口絵5）で祭祀を司どった。末娘のイツク島姫は中津宮で司祭となった。多岐津姫はヤチホコ王の后となり、タゴリ姫は天之冬衣王に輿入れした。イツク島姫は、饒速日と結ばれた。三人の姉妹か嫁いだ後では、各宮では今はなき姫巫子が祭神とされた。

出雲王国の7代目主王は、富家出身の天之冬衣(ふゆぎぬ)が就任した。前王・オミヅヌの時代から始められた領地の拡大は、天之冬衣の時代にも続けられていたらしい。石川県輪島市にある重蔵(じゅうぞう)神社には、天之冬衣が出雲から来て能登を平定したという話が伝わっている。

　宗像家の長女・タゴリ姫は天之冬衣の后になり、ヤエナミツミ（八重波津身）が生まれた。『播磨国風土記』の託賀(たか)の郡・黒田の里には、「宗形の大神の奥津嶋比売命（タゴリ姫）が、伊和大神の子（事代主）を妊娠し、袁布(をふ)山にやってきて、お産をするべき時がきました、とおっしゃった」と書かれている。袁布(をふ)は、王の意味であると考えられる。ヤエナミツミは、のちに事代主(ことしろぬし)と呼ばれる人であった。

　一方の郷戸家では、オミヅヌの孫・ヤチホコが生まれた。このお方は、のちに大国主(おおくにぬし)と呼ばれる人であった。ヤチホコのもとには、宗像家から次女・タギツ姫が后として輿入れした。タギツ姫は、アジスキタカ彦と高照姫(たかてる)を生んだ。

　タギツ姫が住んだ場所は、姫の名がついて「多伎(たき)」（出雲市）の地名になっている。彼女の名は、「多伎からきた姫」という意味の姫とも書かれる。多伎町には、彼女を祭神とする多伎(たき)神社と多伎芸(たきげ)神社が建てられている。

　このように北九州の宗像家は、出雲王家との血縁関係を強めた家であった。出雲王家の富家と神門臣家は、出雲王国が

滅亡したあとも、宗像家とお互いに血縁を深め、親睦を続けたという。

　北九州と出雲との間では、文化と祭りにおいても結びつきがあった。イズモ族の神山信仰と同じように、宗像大社では祖霊神が宿る聖地として沖の島を崇拝した。古代の沖の島では、宗像三姉妹のような姫巫女が中心になって祭祀をおこなった。現在、沖の島は女人禁制とされているが、その決まりは男性優位の時代になってからできたものであった。

10. 出雲王継承の儀式

　出雲王国の前期～中期にかけては、王家の当主が亡くなると、風葬にされた。それは、当時の最高の葬儀の方法であった。同じように出雲散家の最高葬も、明治時代ころまでは風葬（シナドオクリ）であった。

　古代には、遺体を葬る前に、遠方より来る親族や知人に、死に顔を拝ませるモガリ（葬狩）の習慣があった。当主が亡くなると、まずモガリに備えて、遺体の腐敗処理がなされた。それは、遺体の口に漏斗（ろうと）をさし入れ水銀朱（しゅ）を流し込む方法で行われた。朱は、肺や胃腸を通り、毛細血管からすべての細胞に染みわたる。朱には殺菌作用があるので、遺体はもはや数ヶ月は腐らず、死臭は発生しなかった。そして、王宮横の仮小屋で長期間にわたってモガリが行われ、各地の親戚や豪族が弔問した。モガリが終わると、風葬をするために遺

体は立て膝で座る姿勢にされて、大きい二重の竹篭(たけかご)に収められた。

その篭(みこし)は御輿に乗せられ、富家の場合は熊野山(天宮山(てんぐう)、後には天狗山とも呼ばれる)の頂上付近に運ばれ、ヒノキの大木の茂みに隠された。その木には締め縄が巻かれ、紙垂(しで)がつけられて、人や動物が触れないように高い柵で囲まれた。それは、神籬(ひもろぎ)(霊隠木(ひもろぎ))と呼ばれた。現在の神魂神社(かもす)でも、境内にヒモロギ(図7)の状態が再現されて、崇敬されている。遺体をはずしたあとのヒノキにも、先祖の霊が隠(こも)っていると考えられ、締め縄が巻かれた。ヒノキは、もとは「霊(ひ)の木」という意味であった。

ヒモロギの遺体は、3年後に篭から出され洗骨されたあと、頂上付近の磐座(いわくら)と呼ばれる大岩の脇に埋葬された。磐座の「クラ」は古代には子宮を意味したので、磐座に骨を埋葬するのは、死者が再び子宮に宿って生まれ変わるように、という願いが込められていた。そのような磐座には、祖先の霊が隠(こも)るものと考えられ、崇拝された。磐座の近くに社が建てられることもあった。

熊野山の磐座には、富家

図7　霊隠木(神魂神社)

代々の当主の遺骨が埋葬された。富家の当主は、大名持や少名彦に就任した人々であるから、生前から民衆から尊敬された。そのような偉人が隠る磐座（いわくら）のある山は、神名備山（かむなび）と呼ばれ、崇拝の対象とされた。

のちに山の麓（ふもと）に熊野大社（松江市八雲村熊野宮内）が建てられるが、それ以前は熊野山の中腹に斎場があり、そこに人々が集まって代々の王たちの神霊を拝んでいた。

またこの頃は、両墓制の習慣があった。遺体は遠くの山の磐座に葬られ、それは「埋め墓」とされた。骨を埋めた墓には邪霊も混じっていると考え、盆や大みそか、彼岸以外は近づかなかった。代わりに、屋敷に普段拝むための石を置いて、「拝み墓」とした。また、家の中の御霊屋には木主（みたまや）（もくしゅ）（仏教の位牌のように木の札に名前を書いたもの）を置き、普段は拝み墓とともに木主に宿る御魂も拝んだ。

神魂神社のすぐ南の湘南高等学校には、大岩が20個ほど集まっている場所がある。そこはもともとは神魂神社の境内で、大岩は東出雲王家（富家）の歴代の当主の拝み墓であった。大岩以外のやや小さい岩は、王国成立前の当主の墓であるらしい。

その王墓の西南には、家族墓がある。大きな石ではないが、秋田県のストーンサークルの内側にあるような形の石が並んでいる。家族が亡くなると、この地に埋められ、その上に石が置かれたという。

また、現在は木が生い茂って見えないが、昔はこの地から

南方に熊野山が見えたという。富家の人々は家族墓を拝む時、熊野山を遥拝したと伝わっている。

それらの墓は古代の形式を残しており、学問的にも大変貴重なものである。過去、神魂神社では、その墓所が心ない者に荒らされることを恐れ、そこに入ると罰が当たると言って、立ち入りを禁じていた。

ところが、江戸時代の初め（1604年8月）に事件が起こった。当時、この地を治めていた大名・堀尾氏が、城を月山富田城（安来市広瀬町富田）から松江近辺に移そうと考えた。藩主の堀尾忠氏が自ら城地選定に乗り出し、宍道湖近辺を歩き回った。その際、神魂神社の裏山にも足を踏み入れ、東出雲王墓に近づいた。神主は、その地が禁足地であると説明して、必死で立ち入るのを思いとどまらせようとした。しかし、忠氏は国主の義務であると主張して聞かず、一人で墓石を踏みながら通った。ところが帰ってきたとき、忠氏の顔は紫色に変わっており、富田城に帰ってまもなく病床についた。そして数日後に、自分の行為を後悔しながら、急死したという。その後、隠居していた父の吉晴は、忠氏が選定した亀田山に松江城を築き始め、城は1611年に完成した。だが吉晴も、城が完成する直前に急死した。

現在、東出雲王墓は、湘南高等学校がその重要性を認識し、守っている形となっている。参拝・見学の際には、高校の事務所に立ち寄り、許可を受けなければならない。

出雲王国では、新王が跡を継ぐ場合、秋にサイノカミの特別の収穫祭が行われた。王宮の横に御仮屋が二棟建てられ、一方はユキの社と呼ばれ、もう一方はスキの社と呼ばれた。

　ユキの社の屋内の斎壇上には、靫が祀られた。靫とは、矢を入れる道具である。その機能から女性の象徴としての意味があり、幸姫命のご神体とされた。一方、スキの社には、鋤が祀られた。鋤は田を耕す道具であり、その機能から男性の象徴とされ、クナトノ大神のご神体とされた。

　特別の収穫祭では、新王はユキの社に入り、幸姫命の御神霊とともに神酒を飲み、新米の御飯を召し上がる。中央には寝床が設けられ、二つの枕が置かれる。片方の枕には幸姫命が宿り、その横の枕に新王が寝る。そして、新しい王の名が唱えられた時、先祖神の霊を身に受けて、神から新王と承認されたことになる。后はスキの社に入り、やはり同じ儀式を行う。それで神から王の后として承認され、新司祭者としての神威が強まったと考えられた。

　この儀式は、天皇家の即位の礼・大嘗祭にも取り入れられている。大嘗祭でも、同じように悠紀殿と主基殿が建てられる。これは、天皇家が出雲王家と深い関係を持っていることを示している。

　出雲王国の次の正月の元日祭では、各地から集まった豪族たちの前で新王と后が紹介された。すると、人々は口ぐちに「出芽！」と叫んだと言われる。その後に、后が新司祭者と

なり、王国の祭りを行った。

第四章　徐福集団の渡来

1. 穴門国の渡来集団

　シナでは紀元前221年に、秦国の政という王がシナ統一をなしとげ、始皇帝を名乗った。

　始皇帝のつくった統一国・「秦」の名前が語源となり、のちにその国は「シナ」と呼ばれるようになった。「シナ」は、悪い呼び方ではない。その言葉は最近はあまり使われなくなったが、少し前までは普通に使われていた。たとえば、その国の料理のことを「シナ料理」と呼んだ。「東シナ海」や「南シナ海」は、今でも普通に使われている。英語では、シナと同じ意味の「China」が使われている。

　シナには、中華思想がある。それは、シナが世界の中心の「中華国」で、それ以外の国は「野蛮国」と見なす考えである。東西南北の国は、それぞれ「東夷」「西戎」「南蛮」「北狄」の言葉で扱われる。

　シナの史書では、和国を「倭国」、和人を「倭人」と書いた。

　「倭」の字は、矮小の「矮」に通じる。つまり、「倭」には「ちっぽけな」とか、「つまらない」という意味がある。「卑弥呼」も、野蛮人として見下した名前である。また、「対馬」や「邪馬台国」など、周辺国の地名には動物の漢字もよく使われた。

　徳川幕府は、韓国からの書簡に「倭国」と書いてあれば、必ず書き直させた。現代の我々が「中華人民共和国」の略語

の「中国」を使うと、中華思想を認め、自国を野蛮国と認めたことになる。その理由でこの本では、その国のことを「シナ」と呼ぶ。また、和国に使われた卑字を避け、正しい漢字か、カタカナで書く。

秦がシナを統一する前は、シャントン省方面に斉という国があった。斉は、秦に最後に攻められ降伏した。

斉には、徐福という人物がいた。徐福は、斉の王族であったともいわれている。徐福は、字(成人後の名)が彦福で、別名は徐市といった。徐市は、のちに和国に来てから福の字を好むようになり、徐福に名を変えた。

出雲の旧家の伝承によると、秦がシナを統一した頃に徐福の集団が3回和国へ渡来したという。

その渡来人集団の1回目の上陸地は、人骨の出土状況から考えると土井ヶ浜遺跡（山口県下関市豊北町）であったと考えられる。斉国の王族が始皇帝の攻撃を避けるため、和国の穴門国（山口県）へ亡命してきたものらしい。その集団の中に徐福がいたかどうかは確かではないが、この時にかれが渡来していたと考える方が、2回目以降のかれの渡来時の行動を理解しやすい。

当時、シナの人々は和国のことを「扶桑の国」と呼んでいた。扶桑とは、道教において東の海に立つ巨木のこととされ、出雲王国の斎の木信仰のことを示していると考えられ

る。あるいは、出雲王国ではユウという木の皮に文字を書いて記録していたので、それを扶桑と呼んだのかもしれない。それはまるでエジプトのパピルスの様であったので、シナの人々は出雲王国を文化的であると尊敬していたらしい。また和国は人口が少なく、長寿の仙人が住むような平和な良い国であるとシナ国では言われていた。

また当時、シナ船が出雲の海岸に来て、交易していたと言われる。シナ人は、おそらく出雲の鉄を求めたことであろう。シナでは、東海の人々を夷(えみし)と呼び、出雲の鉄を「銕(てつ)（かね偏と夷のつくり）」の漢字で書いていたという。

出雲王国の繁栄ぶりは、それらの貿易商人を通じて、シナでも知られていたものと考えられる。徐福は、おそらく商人たちからそのことを聞いていたらしく、始皇帝から逃れて和国に亡命し、その地で王になりたいという野望を抱いていた。それで、斉の人々は亡命先として和国を選んだものと考えられる。

ところが、当時出雲王国には軍備が調(ととの)えられ、異民族が侵入してきたときには、戦って追い払うという体制ができていた。そのため、渡来人集団が上陸すると、すぐに出雲王国の兵に攻められたものと考えられる。それでも、かれらはしばらくその地にとどまり続けようとしたらしく、戦いで亡くなった人々の墓もつくった。

その人々の骨が、土井ヶ浜遺跡から発見された。それは、300体以上の骨であった。その場所はもとは砂浜であったの

図8　土井ヶ浜の山東人骨（下関市）

で、貝殻の石灰分が骨のカルシウム分の保存に適していた。その墓地の年代は、出土した板付Ⅱ式の土器より、紀元前2世紀前半以前であることがわかった。

　そこの人類学ミュージアムの松下孝幸氏とシナの人類学者・韓康信氏との共同調査の結果、その人骨に最も良く似ているのは、シナの山東省の古人骨であることがわかった。山東省は、斉国の領土であった。

　それらの骨の一部は死後、遺体の顔は西方のシナの方に向けられて、葬られていた（図8）。生存者が、死者の望郷の念を尊重するように埋葬したらしい。

　また、ゴホウラ製の腕輪をはめた人骨も見つかっているが、和国人の習慣を真似してつけたものかもしれない。

　また、穴門を含む関門地域では、シナ国由来の陶塤（とうけん）（土笛）が多く出土しており、穴門の響灘沿岸では、綾羅木郷台（あやらぎごう）

地遺跡や高野遺跡などで発見されている。

　甲殿遺跡（豊北町）からは、白色同心円文様であったと考えられるガラス製のトンボ玉の破片が出土している。その成分や色、模様を分析したところ、同じような特徴がシナの戦国時代に流行したものにあることから、この玉はシナに系譜をもつものと考えられている。

　王屋敷遺跡（長門市油谷町向津具(ゆやむかつく)）からは、有柄細型銅剣が出土したが、吉野ヶ里遺跡（佐賀県）からも類似の銅剣が出土している。後述するが、吉野ヶ里遺跡は同じ斉国からの渡来集団がつくった集落であった。

　この渡来集団は、航海の技術がすぐれていたので、捕鯨をしていた。長門市の北もかつて捕鯨がさかんであった。青海島は仙界島の名が変ったと言われるが、捕鯨をした影響があり、島の東端には、鯨墓がある。

　かれらの大部分はしばらく住んだあと、出雲王国の攻撃に耐えかねて、シナに帰った可能性がある。斉にはまだ秦の軍勢がいるので、南方の江蘇省や蘇洲へ行ったらしい。それらの地名の「蘇」は、イスラエルの「ス」を意味するといわれる。斉国の王族はユダヤ人の末裔であったと言われており、かれらが住んだので「蘇」の字が地名になったものと考えられる。またかれらは、徐州にも移住した可能性がある。徐州の「徐」は、斉の王族の徐氏に由来すると言われる。

2．始皇帝とホウライ島

　前述したように、徐福は1回目に土井ヶ浜遺跡に渡来していた可能性がある。その時は出雲王国軍に攻撃され、徐福たちはシナへ逃げ帰ったものと考えられる。しかし、徐福は和国で王になりたいという願望が強かったので、1回目の反省から、2回目は子供たちを連れていけば、出雲王国では攻撃されないだろうと考えたらしい。さらに、前もって宝物を持って行って挨拶しておけば、より安全であるとも考えたようである。ところが、斉国は滅ぼされてしまったので、その計画を実行するための権力と資金が無かった。

　その折徐福は、始皇帝が不老長寿の薬を求めているという話を聞き、これをうまく利用しようとしたものと考えられる。

　始皇帝は、紀元前219年に、東部の郡県を巡行した。そして、シャントン（山東）省の泰山で封禅の儀（シナ統一の功績を天に報告する儀式）を行った後、琅邪山に3ヶ月とどまり、自らの威徳をたたえる碑を立てた。その期間に、徐福が始皇帝に謁見を求めた。琅邪台（山東省）には、この2人の出会いの始皇帝の石像（図9）がある。

　『史記・秦始皇帝本紀』には、徐福（口絵4）が始皇帝に謁見した時の様子が、次のように書かれている。

第四章　徐福集団の渡来

図9　琅邪台の始皇帝

　斉人の徐市（徐福）らが、書状にかいて奏上した。「海中に三神山があり、名前は蓬萊・方丈・瀛州といいます。（蓬萊は和国、方丈は韓国の済州島、瀛州は沖縄であると言われる。）仙人がそこにいるといいます。われわれは、斎戒して身を清め、童男・童女数千人とともに仙人を求めたいと思います。」
　そこで、（始皇帝は）徐市（徐福）をつかわし、童男童女数千人をおくって、海に出て仙人を求めさせた。
　三神山と仙人については、それ以前より言われていたようである。『史記・封禅書』には、次のように記されている。
　　斉の威王と宣王（在位はともに紀元前4世紀）や、燕

の昭王（在位は紀元前311年〜前279年）の頃から、人をつかわして海に出て、蓬莱・方丈・瀛州の三神山を探し求めた。三神山は渤海の中にあり、…そこに仙人がいて、不老不死の薬がある。…これらの島は、遠くから見れば雲のようであり、近寄れば水の中にあり、到着しようとすると、風で船が離されてしまい、どうしても行くことができなかったという。

　…始皇帝が天下を併合して海辺に至ると、このことを言上する方士たちは数えきれなかった。

　始皇帝は、ユダヤ人の子孫と言われており、モーセに似た指導者であった。始皇帝以前のシナでは、王族や高官者の親族や親しい者が優先される政治がなされており、不公平感が強かった。始皇帝は、モーセの十戒のように法律で人民を統治したので、不公平感が無くなり人気が出たという。かれが初めてシナ全土を統一できたのは、そのことが理由の一つであったと考えられる。斉を滅ぼした始皇帝が、泰山にのぼり天を拝んだのも、ユダヤの宗教の影響であった。

　斉の王族もユダヤ人の子孫であると言われており、その一族の徐福もユダヤの宗教を信仰していて、泰山（たいざん）を聖山と崇め、山の上でモーセのように天を拝んでいた。その共通点から、始皇帝は徐福を信頼したようである。

　徐福は始皇帝の説得に成功し、巨額の資金を手に入れた。そして、始皇帝の命令で童男・童女を集め、船を建造し始め

た。唐の時代の『元和郡県図志(げんわぐんけんずし)』に次のように書かれている。

> 漢の千童県は、秦の千童城あり、始皇帝が徐福をつかって童男童女を率いて海に入り、蓬莱を求めるために城を設け、ここに泊らせたことから、この名前がつけられた。

現在、そこの地名は「千童鎮」（滄州省塩山県）となっている。そこは、徐福が衣服や食料、船などを準備し、訓練を行った場所であると言われている。そこには徐福集団の日本渡海を記念して、千童祠が建てられている。シャントン（山東）半島には、徐福が蓬莱を目指して出航したことを記念して、ポンライ（蓬莱）と名づけられた町もある。

徐福は、ユダヤ人の子孫を和国に連れていき、ユダヤ人の王国をつくりたいと考えたようで、斉国のユダヤ人の家から童男・童女が集められた。

3．先遣隊と青銅器

徐福は準備を進める間に、忠実な部下を先遣隊として和国へつかわし、出雲王から上陸許可を得るよう命じた。かれらは、出雲王への献上品の青銅器を携え、青銅器の技術者も連れていった。

紀元前219年頃、出雲の海岸に一隻の船が現れた。その船は、板を組み合わせて造られた構造船であった。当時、和国

（日本）では丸木船を使っていたため、その船は立派で、目立って見えた。

　船に乗っていたのは、数名の異国人たちであった。彼らは、船から下りると、すぐにイズモ兵に捕えられ、神門臣家の王宮に連れていかれた。当時は、8代目・ヤチホコ王の時代であった。

　異国人たちは、秦の国から来た人々であった。頭は、ホヒ（穂日）とタケヒナドリ（武夷鳥）の親子であった。彼らは、王に献上品を差し出して、こう告げた。「われわれは、徐福という方の命令を受けてきました。徐福は、シャントン（山東）省の方士（道教の師）です。徐福が頭となり、大勢の秦族の少年少女を連れて、出雲王国へ来る予定です。子供たちばかりを連れてきますので、貴国に危険は及びません。かれらが到着する時に、攻撃することなく、上陸を許可していただけるようにお願いします」と。

　つまりかれらは先遣隊として、あとから来る渡来集団がイズモ兵に大勢で攻められないよう、事前に交渉しに来たのであった。これも、徐福の1回目の渡来の反省によるものであったと考えられる。ヤチホコ王は児童たちと聞いて、危険はないと判断した。そして出雲八重書きの掟を守ることを条件に、徐福たちの上陸を許可することにした。ホヒは安心して、秦国に交渉の成功を伝える使いを出した。

　この時かれらは、言葉の違いをどのように克服して、交渉したのであろうか。当然、和国と行き来していた商人たちか

第四章　徐福集団の渡来

ら、和国の言葉を少しは学んでいたものと思われる。そして、朝鮮半島の海岸を伝いながら、途中津島（対馬）にも立ち寄り、津島弁も学んだのであろう。それらの方言まじりの片言の和国語に加え、筆談と身ぶり手ぶりを交えながら、交渉したものと考えられる。

　そして、ホヒ一行は出雲にそのまま住み、神門臣家に仕えることになった。彼らは和国の言葉をさらに学び、徐福たちが来る日に備え、通訳としての準備を進めたことであろう。

　かれらが秦国から持ってきた献上品とは、青銅器でできた古代シナの打楽器の編鐘（へんしょう）（図10）であった。出雲の人々はその使い方を知らなかったが、ホヒとタケヒナドリは「青銅器が好みに合わなければ、つくり変える」と、申し出た。

『日本書紀』には、「武日照（たけひなてる）（タケヒナドリ）命が、天から持ってこられた神宝は、出雲大神の宮に収めてある」と書かれている。

　天とは海（アマ）を意味する。つまり神宝とは、ホヒ・タケヒナドリ親子が持参した編鐘のことであった。出雲王国では、この編鐘を銅鐸につくり変えて、神宝として使用

図10　編鐘（青銅の打楽器）

した。出雲王家は、銅鐸をつくって、各地の豪族たちに配った。それで出雲王国の領域内では、各地で銅鐸の祭りが行われるようになった。

　このようにしてホヒたちは、出雲両王家から信頼されるようになった。

　銅鐸はイズモではじめてつくられたと伝承されているので、最古段階の菱環鈕式は、出雲地方からも見つかっている。次に古い外縁付鈕式の段階までは、出雲地方からの出土数が最も多い。

　島根半島には銅山が多く、北山山地の竜山では自然銅が露出していたという。竜山の麓の、鷺浦には銅山の跡地もある。銅鐸が最初にイズモでつくられた頃は、青銅の材料としてイズモ産の銅が使われた可能性がある。青銅に混ぜる錫と鉛は、シナ産が使われたのかもしれない。

　古い時代の銅鐸は、石の鋳型でつくられた。出雲では、銅鐸の鋳型はまだ出土していない。しかし宍道湖の南方（松江市西部）には、来待石という岩が産出する。これは砂岩で削りやすいので、鋳型をつくる細工がしやすい。また岩の中に微小な隙間があるので、融けた金属のもつガスが抜けて、銅器の出来具合が良いという。

　来待石の採石場には、屑石はまったくない。なぜなら来待石を粉にすると良質の釉薬ができるので、かけらも残さずに陶器製造に使われる。石州瓦の赤色の釉薬は、これが使われ

ている。

　銅鐸の鋳型の使いふるしも、同じく釉薬として使われたと考えられる。だから、出雲から鋳型が見つかることはないと思われるが、そのことが出雲で銅器が造られなかった根拠にはならない。

4．徐福の石見上陸

　翌年、ホヒの申し出通り、徐福ひきいる大船団が出雲王国に現われた。

　徐福が乗る先頭の船は、石見国の五十猛(いそたけ)（島根県大田市）の磯に着き、徐福たちはそこに上陸した。童男・童女を乗せた他の船も、その近辺に碇(いかり)を下した。かれらも、続々と上陸してきた。

　海を渡ってきた子供たちは、海童(かいどう)と呼ばれた。または、秦国からやってきたので、秦族(しん)とも呼ばれた。かれらは、機織(はたおり)りの技術も持ってきたので、のちにはハタ族と呼ばれるようになった。

　かれらは五十猛の東方に住んだので、その地には、畑井や畑谷、畑中というハタのつく地名が残っている。

　またハタ族は、先住者の所有地以外の土地を求めて、山奥に住むことが多かった。『私製出雲風土記』の飯石の郡に、次のように書かれている。

　　波多の郷。…波多都身(はたつみ)の命が天降りされたところであ

る。それゆえ、波多といった。

　ハタツミとは、秦の王族で朝鮮半島を通って来日した人々である。私製出雲風土記は、徐福集団とハタ族を混同させるように、書いている。

　徐福は、和国に来てから、和国風の名前として、ホアカリ（火明）を名乗った。ホアカリは、五十猛の南方の大屋の地に館を構えた。

　ホアカリは、道教の教えを海童たちに教えるため、夜に高い山の頂上に導き、星神を拝ませた。星の中で、一番大切にしたのは北極星であった。北極星の周りをまわる北斗七星も、かれらの信仰の対象であった。そのため、かれらは7を聖数と考えた。かれらが星を拝むために登った山には、星の字のつく地名がついている。

　また、そこで仙人を尊ぶことを教えた。石見国の物部神社の北方の大仙山（大田市大田町）や、石見銀山の仙ノ山のように、「仙」の字がつけられているのは、かれらが登った山である。

　徐福族は、次第に東にも居住地を広げ、島根半島方面にも住んだ。和国では、先住民が新しく来たものを追い払うので、徐福族は海岸や島に住んだらしい。かれらは、波に強い構造船を持っていたので、漁業を中心にして生活していた。海で仕事する者たちは、海神である「綿津身の神（少童）」を信仰していた。

第四章　徐福集団の渡来

　日本海に面した古浦砂丘遺跡（松江市鹿島町）からは、弥生人の約60体の人骨が、発掘された。それは、住居から離れた共同墓地跡であった。頭蓋骨は面長の渡来系であり、そのうち数体の人骨は、祖国をしのぶように、大陸の方を向いて埋葬されていた。

　この遺跡に対して、内陸に位置する場所に、佐太講武貝塚遺跡（松江市鹿島町）がある。この貝塚は、南北に20メートル、厚さは1メートルほどあり、山陰地方で最大規模であった。遺跡からは縄文土器が出土しており、先住民の遺跡であったものと考えられる。先住民は、シジミやサザエ、アワビなどの貝を貴重な食糧と考え、身を取ったあと、その魂を天に送るために貝塚で拝んでいた。ところが、ハタ族は宗教上の禁忌により、貝は食べなかった。しかも、かれらは貝塚を踏み荒らし、先住民たちから嫌われていたという。かれらは、海岸方面を占領して住みついたため、その地方では貝はあまり取られなくなり、貝塚も作られなくなった。弥生時代に、貝塚が作られなくなる理由は、このハタ族の影響が大きかったと考えられる。

　また徐福族は、秦国から土笛（図11）を持ちこんでいた。それは手の平で握れる大きさの卵形の中空の笛で、外側に7個の穴があいている。シナでは「陶塤（とうけん）」と呼ばれ、新石器時代から使われていた楽器であった。それは、祭りのときに、神霊を招くために使われたといわれている。海童たちは、その音色を聞いて、遠い祖国の地に思いを巡らせたことであろ

う。陶塤（土笛）は、日本海側を中心に出土しているが、松江市のタテチョウ遺跡や、西川津遺跡を含む朝酌川遺跡群からは、その半数以上が出土している。また、そこからは、ロクロで作られたきれいな形の吉野ヶ里式土器も多数発掘されている。これらの土器も、徐福族が秦国から持ちこんだ物であった。

図11　土笛（陶塤）

　また斐伊川の河口近くには、海童集団が住みついたことを示す海童神社（出雲市島村町、図12）がある。そこから、斐伊川をはさんだ対岸には、浮洲神社（出雲市灘分町）がある。道教では、海の中に神山（仙人が住む島）があり、蓬莱島などと呼ばれ、理想郷とされていた。そのため島を尊重する考えがあり、浮州を蓬莱島に見立てて尊重したらしい。この地も、徐福族たちの聖地であったと考えられる。

　出雲市大社町入南の乙見神社には、「社稷神」と彫られた石碑が建てられている。社しょく神は、古代シナの周の時代の神で、「社」は土地の神、「稷」は穀物の神であった。この神を和国に伝えたのも徐福族で、石碑はその子孫が建てたものであった。その東北の、荘厳寺の敷地の中に不老山公園や

第四章　徐福集団の渡来

図12　海童神社（出雲市島村町）

不老の滝もあり、道教の不老不死の考えにちなんでいると考えられる。

　さらに北方には、唐川町がある。ここにも徐福族が住みつき、シナの後世の「唐(から)」という呼び方が、地名につけられている。

　出雲王国には、古くから斎ノ木信仰があった。それはサイノカミが宿る聖木信仰であった。斎ノ木には竜神を形どったワラ蛇がまかれ、「アラハバキ神」や「禁樹」とも呼ばれて、伐るのは禁止されていた。

　ホアカリの集団は、夜に星神を拝んだ帰りに、出雲のワラ蛇を切って回ったという。先住の出雲の人々が抗議したが、受け付けなかった。古代は、人々をまとめるために宗教は重要視された。そのためホアカリは、出雲の人々に古い信仰を

捨てさせ、道教に改宗させようと試みたが、出雲の人々の反感は強まる一方であった。ホアカリは、出雲では人気がなかったと伝わっている。

　これらの結果、先住民と渡来人との間の衝突が各地で起こり、とくに斐伊川の上流の村々では争いが多かった。出雲の旧家では、「徐福が来たとき、宗教戦争があった」と伝承されている。

第五章　出雲王国の繁栄

1．大国主と事代主

　8代目・大名持の時代に、出雲王国は最大の繁栄を迎えた。大名持は、神門臣家のヤチホコ（八千矛）が選ばれた。このお方は、のちに出雲神話で有名な「大国主（おおくにぬし）」と呼ばれた王であった。

　一方、副王・少名彦は、八重波津身（やえなみつみ）が選ばれた。このお方は「コトシロヌシ（事代主）」とも呼ばれ、出雲神話では神門臣家・大国主の息子として登場するが、実際には富家の王子であった。『古事記』では、8代大名持（大国主）のもとに来た少名彦のことを「神産巣日神（かみむすびのかみ）（神魂（かみむすび）の神）の御子」とクエビコが説明する場面があるが、この時代の少名彦が神魂（かむすび）家（富家）出身であったことを示している。

　コトシロヌシは、死後の贈り名であった。事代主という漢字は、発音に対する当て字であり、正しい意味の漢字では「知」であった。「知」とは「知らす」（支配する）という意味で、「言知主（ことしろぬし）」とは武力ではなく「言論で統治する王」という意味であった。「事知主」と書いても、意味は同じである。金刀比羅神社（香川県仲多度郡琴平町）には末社・事知社があり、コトシロヌシを祀（まつ）っている。この本では、八重波（やえなみ）津身（つみ）のことをコトシロヌシの名で呼ぶことにする。

　ヤチホコとコトシロヌシは、薬草の使用を普及させたと言われている。『古事記』には、大国主（ヤチホコ）がウサギ

の傷を蒲の穂の花粉で治した話が書かれている。蒲の穂の花粉は、実際に傷の治療効果があることがわかっている。また、コトシロヌシの職名の少名彦は、古くから薬の神様の名で知られている。大阪市中央区道修町の神社には、少名彦が薬の神様として祀られている。

　ヤチホコとコトシロヌシの２人は、山まゆの絹の衣服を身にまとっていたと言われる。山まゆは天蚕とも呼ばれ、クヌギの葉で育つ日本原産の蚕である。その繭から糸を紡いで織った絹は、薄緑で独特の艶があり、軽くてなめらかな肌触りであるため、現在でも高級品とされている。

　そして王は、出かける時は王冠をかぶり、馬に乗って従者を連れて行った、と伝えられている。『古事記』には、ヤチホコがヤマト国に旅立つときに、「片方の手を馬の鞍にかけ、片方の足を鐙に踏みいれた」と馬に乗る様子が書かれている。

　また、この２人は高床式の王宮にお住まいになった、と言われている。東出雲王家の王宮は、神魂神社（松江市大庭町、この本のカバー表写真）の地にあった。そこでは高床式の王宮の形が、そのまま神社の本殿になったと言われている。それは、簡素な構造であるにもかかわらず、気品がある。ドイツの建築学者ブルーノ・タウトが訪れて、その本殿を古代木造建築の傑作だとほめたたえたと言われる。

　古代には、神殿のことを「宮柱ふとしく建て」と表現したが、その言葉を彷彿とさせるような太い宮柱が９本ある。古

代には庶民は竪穴住居に住んだが、豪族の住居は高床式であった。出入りに雨水がかからないよう、屋根は妻入りになっていた。高床式であるので、長いきざはし（階段）がつけられ、その上にも屋根がつけられていた。階段は中央ではなく、右はしに設置されていた。階段から部屋に入り、左手前まで進むと、当主夫妻の寝室があった。左奥は仕切りがされ、夫婦が拝む神座になっていた。この配置は、神社のために考えられたものではないので、参拝者は神座を正面から拝むことはできない。

　出雲大社では、神魂神社と逆方向で、階段から部屋に入り、右回りに奥に進むと右奥に神座がある配置となっている。したがって、南側の正面とは別に、神座を正面から拝むための、西側の拝所も設けられている。

　出雲大社は奈良時代に建てられた社であるが、神魂神社は出雲王国時代の王宮であったので、この構造の神社としては最も古い建築であり、国宝に指定されている。この構造を大社造りと呼ぶと、どの大社が起源かわからないので、「神魂造り」と呼ぶのがふさわしい。

　屋根の上には、男神の象徴の鰹木が乗る。屋根の両端には、×印（掛け印）の千木がのせられている。この形は、サイノカミの「綾の紋」を示し、古代にはクナトノ大神と幸姫命の体が重なり、新しい生命が発生する尊い印と考えられていた。

　また千木の上端の切断の向きについて、縦そぎは男千木で

男性神を祀り、横そぎは女千木で女性神を祀るという俗説があるが、これは誤りである。正しくは縦そぎは出雲式で、横そぎは九州式であった。それで出雲系の神社は、熊野大社や出雲大社を始めとして縦そぎの神社が多い。

　神魂神社の千木も出雲系であったので、もともとは縦そぎであった。ところが３世紀の第二次モノノベ東征のあと、九州出身のモノノベ氏（秋上氏）が神魂神社を住居としたため、それ以降は千木の上端は横そぎに変えられた。千木の下端の縦そぎは、そのまま残された。

２．富家と郷戸家

　領地の拡大は、８代・ヤチホコ、コトシロヌシの時にも、続いていたと言われている。

　島根県仁摩町大国町に、８代・ヤチホコを祀る八千矛山大国主神社（図13）がある。その本殿の正面に車輪のような紋章が飾られているが、よく見ると八本の矛が八方に向いた形であることがわかる。つまりこの八本の矛は、まさにヤチホコ自身を表わしていることになる。矛は武器ではなく、王権の象徴であり、男性の象徴でもあった。この紋章は、ヤチホコが各地の豪族の多くの姫と結婚し、多くの子供をもうけたことを示している。そしてその子孫たちは、のちに古代史上の重要な大王や豪族になっていくことになる。

第五章　出雲王国の繁栄

図13　八千戈山大国主神社（島根県仁摩町）

　神門臣家出身の大名持・ヤチホコの王宮には、分家の宗像家から次女・タギツ姫が輿入れした。
　タギツ姫は、アジスキタカ（味鋤高）彦と高照姫を産んだ。アジスキタカ彦はのちに神門臣家の当主となった。かれは阿須伎神社（出雲市大社町遥堪）に祀られており、そこに住んだらしい。また『出雲国風土記』には、アジスキタカ彦の后・天之御梶姫が、出雲市多久町付近で王子・タギツ（多伎都）彦を出産したと書かれている。タギツ彦の名前は、祖母タギツ姫にちなんだ名前であった。
　またアジスキタカ彦には、大屋姫という娘がいた。大屋姫は渡来系の家に輿入れし、その子供は紀の国（和歌山）の国造家の祖となった。その家からは、のちにオオササギ（仁

徳）大王が生まれることになる。

　一方、富家では前王・天之冬衣のもとに宗像家の長女・タギリ姫が輿入れして、コトシロヌシが生まれた。コトシロヌシは8代少名彦に就任し、王家の一族・八島貴（やしまむち）の姫の鳥耳姫（とりみみ）を后に迎えた。彼女は、王子・鳥鳴海（とりなるみ）を産んだ。この王子が、のちに富家の当主となり、9代大名持になった。

　またコトシロヌシは、摂津の国・三島（大阪府高槻市、茨木市）の豪族・三島溝喰耳（みぞくい）の宮に招かれて、はるばる出かけていった。その宮で、活玉依姫（いくたまより）と結ばれ、姫を妃として大庭の王宮の別棟にお迎えになった。活玉依姫（いくたまより）には別名があり、タマクシ（玉櫛）姫やセヤダタラ（勢夜陀多良）姫、三島溝杭姫とも呼ばれた。

　摂津・三島から活玉依姫について来た人々が、その後も大庭に住みつき、三島の姓を名のった。それで今も松江市には、三島の苗字の家が多い。

　活玉依姫は、王子・クシヒカタ（寄日方）や妹のタタライスズ（蹈韛五十鈴）姫、イスズヨリ（五十鈴依）姫を生んだ。この兄妹は、のちに富家の分家として大和に進出し、初期ヤマト政権の礎を築くことになる。

　先述したとおり、曲玉（まがたま）の原料のヒスイは、コシの国（越後（えちご）国）から取り寄せられていた。ヒスイの原産地は、姫川流域であった。万葉集3247番にも、そのことを示す歌がある。

淳名(ぬな)川の　底なる玉
　　求めて得し玉かも
　　拾ひて得し玉かも
　　あたらしき君が　老ゆらく惜しも

　最後の文は、「玉のように大切な君が、老いて通ってこなくなったのは嘆かわしい」という意味である。玉が貴重なものであったことが、この文からもわかる。

　淳名川とは、姫川のことである。いわゆる「八尺瓊(やさかに)の曲玉」の「瓊(に)」は宝石を表し、その「瓊の川」の言葉がヌナ川、さらに姫川に変わったようである。

　その地域は越後国頸城(くびき)郡で、その中に沼川の郷があった。そこの豪族・ヘツクシヰ(辺都久辰為)の娘は、川と同じ名前のヌナカワ(沼川)姫であった。現在の姫川の名前も、ヌナカワ姫に由来する。

　彼女はコトシロヌシの妃として舟で迎えられ、島根の郡・美保の郷に住んだ。コトシロヌシは、夜に舟で王の海(中海)を渡り、姫の許に通った。美保関町には、そのときの話が伝えられている。

　　コトシロヌシは、夜ごとに海を渡って、美保の姫のもとへ通っていたが、ニワトリが間違って真夜中に鳴いたため、かれはうろたえて小舟に乗ったものの、櫂(かい)を岸に置き忘れてしまった。仕方なく、手を海に入れ水をかいていたら、ワニに噛(か)まれてしまった。この時から、コトシロヌシはニワトリを憎むようになり、それにあやかっ

て美保の人々はニワトリを飼わず、参詣人にも卵を食べることを戒める。

コトシロヌシは、ヌナカワ姫に会うときに、美保の崎で魚釣りをすることがあった。コトシロヌシが釣りを楽しんだ場所は、二つの島であったとされている。その島は、『出雲国風土記』に等々島(とどじま)の名で記されており、トドが住んでいたらしい。現在でもこの島の周辺は、絶好の釣り場になっているという。

ヌナカワ姫は、王子・タケミナカタ（武御名方）や、王女・ミホススミ（御穂須須美）を産んだ。その地の美保神社（松江市美保関町美保関）は、コトシロヌシとミホススミ（美穂津姫）を祀(まつ)っている。タケミナカタは、のちに諏訪王国の祖となる人物である。

美保の港には、コシの国からヒスイが取り寄せられ、ヒスイの玉作り工人や商人が住んだ。その時代には、韓国からの商人も玉類や鉄を買い求めに来たと言われる。

以上が、ヤチホコとコトシロヌシのそれぞれの代表的な妻子たちであった。出雲王国の範囲はさらに広かったので、それ以外にも妻子は多くいたものと考えられる。例えば、『播磨国風土記』にも、大国主の子供たちの話が登場する。

香川県には、金刀比羅(ことひら)神社がある。神仏習合する前は、金比羅(こんぴら)神社と呼ばれた。クンピーラはインド語で、鰐魚(わに)神の意味である。四国も出雲王国の一部で、神社を作ったのはイズ

モ族であったので、そこでは大国主の霊が祀られた。はじめは社はなく、後ろの神名備山を拝んだ。その山は、サルタ彦にちなんで象頭山と名づけられた。

『伊予国風土記（逸文）』にも、大名持命の記事があることから、四国地方の広い範囲が出雲王国の領土であったことがわかる。

この時代に出雲王国の領土は、北陸、近畿、中国、四国、北九州地方に広がり、王国の歴史の中で最も繁栄した時期であった。

3．出雲王たちの遭難

そのころ秦から徐福が渡来し、ホアカリと名のって、石見国に住んだ。（第四章参照）ホアカリは、出雲王の姫を奥方に迎えたいと希望した。神門臣家の家来になっていたホヒが通訳し、その旨を伝えたところ、王は承諾した。そして、神門臣家のヤチホコ王の娘・高照姫（道姫）が、石見のホアカリのもとに輿入れすることになった。彼女の屋形は、イズモ兵に守らせていた。

やがて、高照姫は男の子を産んだ。その子は、イソタケ（五十猛）と名付けられた。衛挺生は著書に、「徐福の父は、徐猛である。このことは梁王僧儒の『百家譜』および『北宋徐氏譜』に出ている。」と書いている。シナでは、先祖の名前の一字を、子孫に使う習慣があった。五十猛の「猛」の字

は、祖父の名の一字を受け継いだものと考えられる。

　ところで高照姫は、有力豪族・宗像家の次女・タギツ姫の産んだ、王家の中で最も高貴な姫の1人であった。ホアカリ（徐福）が、彼女を嫁に貰い、その血筋の子供をもうけるということは、出雲王国内で相当の地位を手に入れるということを意味していた。

　出雲王国で権力を持つために、王と血縁関係になることが最も近道であるということを、徐福はシナにいた時に商人たちから聞いて知っていたものと思われる。徐福が大した軍備を持たずに渡来したのは、出雲王家と血縁を結ぶことで、自分の野望を容易に達成できると考えていたのかもしれない。

　ある日、タケヒナドリがヤチホコ王に、「海岸で海童（かいどう）たちが、ワニ（サメ）を捕えて騒いでいる」と、告げてきた。出雲では、ワニは神聖な動物と考え、尊んでいた。王は、タケヒナドリに連れられて、園（その）の長浜に出向いた。そして、海童たちにワニを放つよう説得した。すると、海童たちは王を取り囲み、船に引きずりこんだ。

　それ以降、ヤチホコ王は行方不明になった。この異変は、タケヒナドリによって、神門臣家と富家にすぐに知らされた。このとき富家のコトシロヌシは、大庭の宮殿には不在で、美保の崎で魚釣りをしていた。

　コトシロヌシに異変を伝えるために、さっそく使者のタケヒナドリを乗せた舟がオウ川をくだり、王の海（中海）を渡

って知らせに出た。その速舟の様子は、のちに美保神社で「諸手舟神事(もろたぶねしんじ)」として再現されることになった。タケヒナドリは使者として、諸手舟に乗りこんだ。そしてコトシロヌシに会うと、「ヤチホコ様が、園の長浜で行方不明になったので、コトシロヌシ様もいっしょに来て探して下さい」と告げ、コトシロヌシと従者を舟に乗せた。かれらは、数隻の舟で王の海（中海）を西に向けて進んだ。

舟は、弓ヶ浜の粟島(あわしま)（米子市彦名町）に着いた。すると、海童たちが現われ、舟を取り囲んだ。そして、コトシロヌシは舟から引きずり降ろされた。それ以降、コトシロヌシも行方不明になってしまった。出雲王国は、主王と副王の２人をほぼ同時に失うという、前代未聞の事態におちいった。

出雲王国の重臣だったホヒとタケヒナドリは、出雲王たちを案内して帰って来たあとは、何も話さなかった。

ひと月ほど後に、出雲王たちがいなくなったのはホヒ親子の仕業であると、海童の１人が白状した。

神門臣家がヤチホコ王を探し出した時は、王は猪目洞窟(いのめどうくつ)（出雲市猪目町、図14）に幽閉され、枯死していた。

猪目洞窟については、『出雲国風土記』の出雲郡宇賀郷(うが)に、次のように書かれている。

　　…北の海の浜に、磯がある。…
　　磯から西の方にある窟戸(いわやど)（洞窟）は、高さ、広さがそれぞれ六尺ほどである。窟戸(いわやど)の中に穴がある。人が入ることはできない。深いのか浅いのかわからない。夢

図14　猪目洞窟（出雲市猪目町）

で、この磯の洞窟のあたりまで来ると、必ず死ぬ。だから、土地の人は、昔から今にいたるまで、黄泉の坂や黄泉の穴と呼んでいる。

　この黄泉の穴の話は、奈良時代の都にも聞こえていたため、出雲は「黄泉の国」と呼ばれるようになった。それで記紀では、イザナギとイザナミが争った黄泉の国は、出雲にあるように書かれた。

　この洞窟は、海の方から見ると左上から右下に斜めにつづく地層を屋根としており、イノシシの右目の形に見えるので、今は猪目洞窟と呼ばれている。

　猪目洞窟で、ヤチホコ王の遺体を確認した神門臣家の人々は、その西南にある竜山に、王の遺骨を移した。竜山は、昔は自然銅が採掘される山であった。その銅を掘った跡の穴に、ヤチホコ王は丁重に埋葬されたという。現在では、その場所はわからなくなっている。

猪目洞窟は、上の土が落ちて入口が土砂に覆われていたので、永い間忘れられていた「黄泉の坂」は、東出雲町の揖屋(いや)であると誤解されたこともあった。

　1948年に、漁船置き場として利用するため、猪目港の崖の堆積土を取り除いたところ、入口が現れた。その際に洞窟の中から、いわゆる弥生時代から古墳時代にかけての人骨16体以上が発見された。ゴホウラ貝輪を腕にはめた人骨や、丸木舟に使われた材料で覆われた人骨、須恵器を枕元に置いた人骨などが見つかったことから、この場所が古代の埋葬遺跡であったものと推定されている。これらの人骨は、ヤチホコ王の遭難より後の時代のものであると考えられる。

　『日本書紀』では、タケヒナドリのことをイナセハギ（稲背脛）と呼んでいる。猪目洞窟から少し西に行ったところには、伊奈西波伎(いなせはぎ)神社がある。それはまるで、タケヒナドリ（イナセハギ）が猪目洞窟方面を見張っているかのようである。

　ヤチホコ王が遭難した園の長浜には、かれを祀(まつ)る祠がつくられた。その祠は長浜神社（出雲市西園町）となり、今は6代大名持・オミヅヌを祀(まつ)っている。

　一方、富家がコトシロヌシを探し出した時には、かれは粟島の裏の洞窟に幽閉され、ヤチホコ王と同じように枯死していた。

　粟島については、『伯耆国風土記（逸文）』に、次のように

第五章　出雲王国の繁栄

書かれている。

　粟島。相見の郡。郡家の西北に余戸の里があり、粟島がある。少日子の命（コトシロヌシ）が、粟をおまきになられた時、粟の実が穂いっぱいに実って落ちた。その粟柄に乗ったらはじかれて、常世の国へお渡りになった。それで、粟島という。

「常世の国へお渡りになった」とは、あの世に去ったということを示している。この史実の影響で、粟島の隣にあった大きな島が「夜見の島」と呼ばれるようになった。「夜見」とは、黄泉（死後の世界）を意味する。近くの弓ヶ浜という地名も、もとは夜見ヶ浜であった。

　コトシロヌシは粟島で亡くなったので、その粟にからませた神話がつくられた。しかし前述の通り、体が小さかった訳ではない。

　現在粟島は、陸とつながり丸い丘となっており、丘全体は粟島神社（米子市彦名町）になっている。急な長い階段を上ると、丘の頂上には本殿があり、少名彦が祀られている。本殿の後ろ側からは、木々の間に王の海（中海）が見える。

　粟島神社の丘の裏手には、「静の岩屋」という名の洞窟がある。この洞窟は、もともとは女神を祀る磐座だったものと考えられる。外からのぞくと、内部には非常に狭い空間が見える。コトシロヌシは、ここに幽閉され、お亡くなりになったという。

　神社の境内には、万葉集335番の歌の石碑がある。その歌

は、次のようなものである。

　　大汝少彦名(少名彦)の　いましけむ
　　志都の岩屋は、幾代経ぬらむ

　大名持(ヤチホコ王)と少名彦(コトシロヌシ)の宮殿は高床式住居であったので、この歌の石屋は住居ではない。つまりこの歌は、かれらがそれぞれ石屋に幽閉されたことを伝えるものであった。万葉集がつくられた奈良時代には、出雲王たちの遭難のことを人々はまだ覚えていた。

　粟島神社では境内の「静の岩屋」こそが、万葉集の歌の「志都の岩屋」であると言い伝えられているという。

　また静の岩屋の近くには、「お岩さん」という名の小さな岩が祀られている。ここは、少名彦が粟島に舟で到着され、最初に上陸した聖地とされている。コトシロヌシは、タケヒナドリの船に乗せられてきて、この場所で舟から降ろされたのかもしれない。

　粟島で発見されたコトシロヌシの遺体は、熊野山に運ばれ葬られた。神魂神社近くの東出雲王墓にも、コトシロヌシの拝み墓がもうけられた。

　出雲市常松町には、常世(あの世)に去った少名彦(コトシロヌシ)を祀る、常世神社が建てられている。

　『伊予国風土記(逸文)』の湯(道後温泉)の郡には、次のように書かれている。

　　大穴持(大名持)命が、後悔し恥じて、スクナヒコノ
　　命を蘇生させたいとお思いになり、大分の速見の温泉

（別府温泉）を下樋によって通して持って来て、スクナヒコノ命を浸して浴びせたところ、しばらくして生き返った。

この話は、伊予と出雲で場所は異なっているが、コトシロヌシが不慮に亡くなった事実を示したものと考えられる。この話には願望が書かれているが、コトシロヌシが生き返ることはなかった。

ホヒとタケヒナドリは、イズモ兵につかまり監禁された。ホヒ・タケヒナドリ親子は、ホアカリの陰中（スパイ）であると噂されていた。そのため、出雲王たちの殺害を命じたのはホアカリ（徐福）であったということは、容易に想像できた。それで出雲の人々の怒りの矛先は、ホアカリやハタ族にも向けられた。ホアカリは和国の王になることが来航の目的であったので、出雲王たちを亡きものにすれば、手っ取り早く目的を達成できると考えたらしい。

王たちを殺された両王家の人々の怒りは、すさまじかった。高照姫をホアカリに輿入れさせ、ホヒ親子を重臣に取り立てていた神門臣家の人々は、とりわけ裏切られたとの思いが強く、「ホヒ親子に死罪を与えよ」と強く主張した。

ホヒらは、「自分らは徐福の命令に従っただけで、自分らに罪はない」と弁解した。

富家の人々は、銅鐸を持参した功績を考えてかれらの死刑を免じ、代わりに召使にして自由に操ろうと説得した。その

第五章　出雲王国の繁栄

結果、ホアカリの息子のイソタケが育っていることも考慮し、ホヒとタケヒナドリ親子の死罪は保留することになった。そして、かれらは富家に引き取られ、「やっこ」と呼ばれる召使として使われることになった。そのころの召使は小屋に住み、主人の許可がないと外出することもできなかった。

『古事記』で、スサノオが大国主（ヤチホコ）に対し、「この奴（やっこ）」と呼ぶ場面がある。これはホヒ家が、奴と呼ばれつづけた恨みをはらすために、『古事記』の編集者に頼んで書かせたものと考えられる。神門臣家や富家が奴になったことは、一度もなかった。

ヤチホコ王とホアカリの関係について、『播磨国風土記』の飾磨（しかま）の郡（こおり）に次のように書かれている。

　　昔、大汝命（おおなむち）（大名持・ヤチホコ）の（義理の）子である火明命は、心もおこないもとても恐ろしかった。こういうわけで、父神が悩んで、逃げ去り（子を）捨てようと思われた。因達の神山（姫路市）に到って、その子を遣（つか）わして水を汲ませ、かえってくる前に船を出発して逃げ去られた。このとき火明命が水を汲んでかえってきて、船が出発して去るようすを目にされ、大いにお怒りになった。そこで、風波をおこし、その船を追い攻められた。ここに父神の船は、進み行くことができなくて、ついに打ち破られた。…

…その時、大汝の神が妻の弩都比売(のつひめ)に「悪い子から逃れようとしてかえって波風にあい、ひどく辛く苦しい目にあったなあ」と言われた。

この話は場所は変わっているが、ヤチホコ王がホアカリから横暴を受けたことを示している。

第六章　武御名方と五十猛の移住

１．出雲内の秦人たち

　ホアカリの奥方になっていた高照姫は、夫が父王を殺したと聞き、怒って息子・イソタケを残して、実家に帰ってしまった。渡来人の父系社会では、子は父親のものという考えがあり、高照姫は非難されなかった。

　ホアカリは、「ホヒとタケヒナドリが捕まり、処刑されるかもしれない」という報告を受け、恐くなった。かれは、息子・イソタケを置き去りにして、船で秦に逃げ帰った。そのため、人々はホアカリのことを「鬼のような人だ」と言った。それでホアカリが住んだ村は、「鬼村」（大屋町）と呼ばれ、その地名は現在も残っている（図15）。この付近に住んだハタ族も、武器を使って先住民に嫌がらせをしたり、ワラヘビを切って回ったりしたので、先住民から鬼と呼ばれるようになった。

　ホアカリ（徐福）は、のちに記紀ではスサノオノ命と名を変えて書かれた。これは、出雲人が徐福たちの悪事を思い出さないようにするため、ホヒ家（出雲国造家）の果安が忌部子人に頼んだ結果であった。忌部子人は、記紀の編集の中心となるよう、秘密裏に指名された人物であった。

　徐福やハタ族が出雲で働いた横暴なふるまいについては、『古事記』ではスサノオの悪事として次のように書かれている。

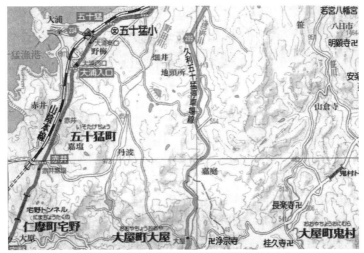

図15　大田市北部図『島根県道路地図』(昭文社)より

　　スサノオが、天照大神（サイノカミの太陽の女神）の
　　耕作田の畔をこわし、その溝を埋め、新米を召し上がる
　　神殿に、排泄物をまき散らした。

『日本書紀』では、徐福たちの悪事が「スサノオノ尊の所行(しわざ)
無状(あづきたな)し」と表現されている。

『日本書紀』は、シナなどの外国に見せることを意識してつくられた。文章が漢文で書かれていることが、そのことを示している。

　奈良時代の日本政府は、諸外国に対して軽く見られないよう、気を使っていた。徐福集団の渡来のことをシナ人が知ると、日本はシナの植民地のように見られてしまうということを外交上警戒した。そのため、記紀において徐福集団の渡来は隠された。記紀と異なる文書は廃棄され、隠し持っている

第六章　武御名方と五十猛の移住

と死刑となった。

　こうして徐福の名前は、日本の官史から消えることとなった。しかし、徐福の事績をスサノオの神話として残したことは、出雲国造・果安の大きな功績であった。

記紀の影響を受けて、徐福が渡来した五十猛海岸（大田市五十猛町）では、徐福の名前は消え、スサノオが上陸したという伝説が語られるようになった。

2．武御名方の諏訪移住

　コシの国（越後国）から富家に輿入れしていたヌナカワ姫は、御廬（仮屋）を建ててコトシロヌシのモガリ（古代豪族の長期の葬式）を挙行した。その「御廬」の発音が変化して、その地は「美保」と呼ばれるようになった。

　ヌナカワ姫は、コトシロヌシが不慮の事件で亡くなられた後、淋しさがつのり、故郷の姫川や黒姫山の景色ばかりを想い出していた。

　そして彼女は淋しさに耐えかねて、コシの国の実家に帰ることを決意された。ヌナカワ姫の御子のタケミナカタも、父のコトシロヌシを助けられなかったことを残念に思っていた。そして、その苦い思い出のある出雲の地を離れ、母君とともにコシの国に移った。

　娘のミホススミは出雲の美保関に残り、父の霊を祀る祠を建てた。その社は、市恵美須社と呼ばれている。彼女は死

後、美保関港の東端にある客人山の地主社に祀られた。のちに、彼女の住居跡に美保神社（松江市美保関町美保関、図16）が建てられ、コトシロヌシと王女・ミホススミ（美穂津姫）が祀られた。

図16　美保神社（松江市美保関町）

　ヌナカワ姫は、コシの国で亡くなられた。出雲王家に輿入れしたヌナカワ姫はコシの国で尊ばれていたので、ヌナカワ姫を祀る神社がつくられた。糸魚川市の天津神社境内には、奴奈川神社があり、ヌナカワ姫の御神像がある。上越市居多には、一ノ宮沼川神社が建てられている。

　コシの国に住んだタケミナカタは、信濃国に新しい王国をつくろうと思い立った。そこで多くの家来とともに姫川を逆上り、まず長野県上田市の下之郷に移り住んだ。かれはそこに、サイノカミを祀る生島足島神社を建てた。

　その後タケミナカタは、黒曜石の産地であった和田峠をこえて諏訪盆地に進出した。そして諏訪湖の南岸に住みつき、そこで王国をつくった。かれの子孫は、その地の豪族として栄えた。

第六章　武御名方(たけみなかた)と五十猛(いそたけ)の移住

　タケミナカタは、移住先にサイノカミの社を建てた。かれの死後、そこはかれを祀(まつ)る諏訪大社の上社本宮(かみしゃほんぐう)となった。

　諏訪大社本殿のまわりの四隅には、高い柱（御柱、図17、春宮）が4本建てられた。それは、三内丸山遺跡に建っていた六本柱の伝統が、少し形を変えて神社のまわりに残ったものと考えられる。

　のちに諏訪大社は、上社(かみしゃ)の本宮(ほんぐう)、前宮(まえみや)と、下社(しもしゃ)の秋宮(あきみや)、春宮(はるみや)（図17諏訪大社春宮前）の四社となった。下社は、古墳時代の頃に出雲暦の影響を受け、春宮と秋宮の二社に分かれた。当時は、1年を夏期と冬期に分けて数えていた。春宮では春正月（春分）に春祭りが行われ、そのあとの夏期1年（現在の半年）はそこに神霊が宿った。同じように秋正月（秋分）には秋宮で秋祭りが行われ、そのあとの冬期1年（現在の半年）は、そこに神霊が遷座し宿った。遷座祭では神霊の御輿がかつがれ、そのあとに幸舟(さいふね)と呼ばれる舟形の山車(だし)が一緒に移動する。その舟の上には、クナトノ大神と幸姫命の人形が乗せられている。舟が社に着くと、その人形は焼かれ神霊は天に昇る。出雲王国時代には、春分と秋分

図17　御柱（諏訪大社）

119

の日にサイノカミの大祭が行われたので、下社の祭りもその影響を受けたものと考えられる。

　タケミナカタはサイノカミ信仰を信濃地方に持ちこんだため、そこでもその信仰が広まった。現在でも長野県にはサイノカミの石像が多く見られ、クナトノ大神と幸姫命が仲良く並んだ姿で彫られている。それらは、シナ語の道祖神(どうそじん)の名称で呼ばれているが、インドのサイノカミ信仰はシナの道祖神より古い。起源や特色が異なるので、日本で道祖神という言葉を使うのはふさわしくない。同じような石像は鳥取県淀江町周辺でも多く見られるが、こちらでは古代と同じくサイノカミと呼ばれている。ただ名称の問題はあるものの、出雲王国時代の信仰が、現在に至るまで信濃地方で大事にされていることは、生きた歴史として大変貴重である。

　タケミナカタの足跡は、神社の名称にも残っている。平安時代の『日本三代実録』には、諏訪大社のことを建御名方富命(たけみなかたとみのみこと)神社と書いている。長野市や飯山市にも、建御名方富命彦神別(ひこかみわけ)神社が鎮座している。

「タケ」とは、「全権将軍」の意味であった。意味を漢字で表すと、「建」よりも「武」の方がふさわしい。実際にはかれは、「タケシミナカタ」や「タケルノミコ」と呼ばれていた。「御名(みな)」は出雲王の大名持や少名彦の「名」と同じで、「出雲王家」を意味する言葉であった。つまり「御名方」とは「出雲王家の御方」という意味で、尊敬の念が込められた呼び方であった。「富」とつくのは、かれが東出雲王家の富

第六章　武御名方と五十猛の移住

家出身であることを示していた。かれは、タケミナカタ富彦とも呼ばれていた。

　のちに諏訪大社のタケミナカタの分霊は、出雲地方に里帰りした。斐川町名島には、タケミナカタを祀る御名方神社がある。そのすぐ北隣の斐川町鳥井には鳥屋神社があり、やはりタケミナカタが祀られている。

3．ホアカリ勢力の丹波移住

　ホアカリが去ったあと、イソタケは海岸近くの五十猛神社（大田市五十猛町、図18）の地に住んでいた。

　ヤチホコ王の息子・アジスキタカ彦には、大屋姫という娘がいた。大屋姫は、実家にもどった高照姫からイソタケの世話を頼まれて、石見国に移り住んだ。彼女は、逢浜川上流の

図18　五十猛神社（島根県大田市）

畑谷に大屋敷を建てて、イソタケを引き取った。それで、そこの地名は大屋となった。彼女の屋敷跡には、のちに大屋姫神社（大田市大屋）が建てられた。

　大屋姫は、イソタケにサイノカミ信仰を教えた。サイノカミは、「正月祭りの神・大年神」でもあったから、イソタケは「大年神」の信者になった。

　イソタケは成長すると、大屋の東部に屋敷を建てて移り住み、大年彦（おおとしひこ）と名のった。それでそこに住むハタ族たちも、サイノカミの教えに従うようになった。のちにそこには、大年神社（大屋町鬼村）が建てられた。

　小椋一葉著『消された覇王』には、この大年神社についての次のような伝承が紹介されている。

　　　地名鬼村が示すように、この地は昔、荒振る者の巣窟だった。それをオオトシが平定し開化の里としたので、この里の開祖神として祀（まつ）った。

　ハタ族たちは出雲の人々から嫌われて、そこに住みづらくなったらしい。それで大年彦は、大屋姫と海童たちを連れて船で丹波国に移住した。このとき、出雲王家の親族・日臣（ひのおみ）（大伴氏の祖）もしたがったと言われる。のちにそこから戻ってきた人々もいたらしく、五十猛町には丹波の地名がある。

　大年彦は、出雲国や周辺の国々に住む大部分のハタ族を、丹波国に集めた。かれは移住先で指導者となり、カゴヤマ（香語山）と名を改めた。大屋姫は、のちにカゴヤマの妃と

第六章　武御名方と五十猛の移住

なった。

　大屋姫は、徐福が持ってきた樹木の種を、カゴヤマとともに植えた。それは、秦国に生えていた竹や梅などであった。２人の息子のタカクラジも、のちに移住先の紀伊国に木を多く植えたので、その地は「木の国」と呼ばれた。

　丹後国は、もとは丹波国と合わせて一つの国であった。カゴヤマが丹波国を支配した史実は、『丹後国風土記（残欠）』に「この国は昔、天火明の神たちが降臨した地である」と書かれた。ホアカリ（徐福）の和国滞在期間は短かったが、その子孫は始祖の功績を大きく見せかけたかったらしい。

　またカゴヤマは、出雲王国から丹波国を支配する許可を得たらしい。その出来事は、『丹後国風土記（残欠）』の伽佐の郡に、やはりホアカリの話として次のように書かれている。

　　志楽の郷　もとの字は領知

　　志楽と名づけた理由は、昔、少名彦命と大穴持（大名持）命が、治める天下を巡るとき、ことごとくこの国を巡り終えた。

　　さらにコシの（越後）国に到るときに、海火明の神を呼ばれて、「あなたは、この丹波の国を治めなさい」とお命じになった。火明の神は、大いに喜ばれて、「末永く青雲の支配する国（領知国）」と、言われた。そのため、志楽という。…

　　二石崎

二石崎について、古老が伝えていう。昔、天下を治められるときに、大名持命と少名彦命がこの地に到りまして、二柱(ふたはしら)の神が相談しました。白と黒の真砂(まさご)をとり、海火明命を呼ばれて、お命じになりました。すなわち、「それらの石は、私の分霊である。あなたは、良くこの地で祭りなさい。そうすれば、天地の波が荒れても、丹波の国が荒らされることは決してない。」と。

　海火明命は詔にしたがって、その霊石を尊びました。すなわち、それは左右に黒白に分かれていて、神の験(しるし)があった。それは今も変わらない。そのため、その地を二石崎という。

　上記の黒の真砂とは、砂鉄であったと言われる。その地の黒い岩は、くずせば砂鉄になり、製鉄の原料になることを、カゴヤマたちは出雲王国から教えられたという。

　ところでカゴヤマの子孫は、4世紀のオキナガタラシ姫の二韓征服に、漁師たちを引き連れて海軍として参加したので、海部氏(あまべ)の名字を与えられた。つまりその名字は、「海を守る皇室の職族」という意味であった。

　のちにアマベのアマが「天」に変わり、『記紀』の天孫降臨神話に利用された。歴史を正しく理解するためには、海部氏になる前は「海氏(あま)」と呼ぶのが正しいが、この本ではこの一族のことを便宜的にアマベ氏と呼ぶことにする。

第六章　武御名方と五十猛の移住

　アマベ氏率いるハタ族が主に住んだ場所は、丹波国方面であったが、のちに丹後半島に移った。そこに徐福族が徐福を祀った新井崎神社がある。

　徐福族は、竹野川流域（京丹後市）にも住んだので、そこからは陶塤が出土している。かれらは、その地に竹野神社（京丹後市）を建てた。徐福族は、蓬莱島信仰を持っていたので、池の中に小島をつくり、その中に祠を建てて拝む習慣があった。竹野神社の境内にも、池の小島の中に祠（図19）が建てられている。

　徐福族は、由良川を逆上り南にも広がって住んだ。そこの流域に、徐福の「福」にちなんだ「福井」や「福知山」の地名がある。舞鶴の南には、徐福族が山に登って仙人を拝んだ「弥仙山」がある。

図19　蓬莱島の祠（竹野神社）

『丹後国風土記(残欠)』には、カゴヤマの母君・高照姫の話が次のように書かれている。

　伽佐(かさ)の郡(こおり)・高橋の郷(さと)（もとの字は、高梯）
　高橋と名づけられた理由は、天香語山命が倉部山の頂上に神庫(みくら)を建てた。そこに種々の神宝を収め、長い梯子を設けて、その倉の物を出し入れした。そのために高梯の地名ができた。いまもなお峯の頂きに神祠(ほこら)があり、天蔵(あまくら)という。海香語山命を祀(まつ)っている。

　またその山口の（虫食穴）岡に祠がある。祖母の祠(とじやしろ)と呼ぶ。この国に、海道姫(みちひめ)（高照姫）命というお方がいらっしゃる。

　年老いてこの地に来まして、麻をつむぎ、蚕(かいこ)を養(か)い、人民に衣をつくる方法をお教えになった。それで、「山口に鎮座し御衣(みそ)つくりを教える祖母の祠(とじやしろ)」と呼んでいる。…

　…庫梯山(くらはし)は、倉部山の別名である。

この文は、後世の高橋という苗字の由来が、高梯子であったことを示している。すなわち高橋氏は海部族の子孫である。

高照姫はヤチホコ王が亡くなったあと実家に帰っていたが、老人になってから、カゴヤマのいる丹波に移住したものと考えられる。移住先の舞鶴市堂奥には、高照姫（海道日女(みちひめ)）を祀(まつ)る山口神社がある。

第六章　武御名方と五十猛の移住

　カゴヤマは、籠神社(京都府宮津市)の後方の小高い山にある元宮の地に住んだ。その山の名前が香語山であるので、イソタケはその山の名前にちなんで、カゴヤマと名前を変えたのであろう。籠神社の「籠」の字も、香語山のカゴからきているものと考えられる。
　その地には、現在真名井神社(図20)が建てられているが、最初は吉佐宮と呼ばれていた。吉佐宮は丹後地方の祭祀の中心地であった。
『丹後国風土記(残欠)』の伽佐の郡・田造の郷に、次のように書かれている。

　　田造と名がついた理由はむかし、豊宇気(豊受)の大神の指図によって、海香語山命と海村雲命(香語山の息子)がこの国の伊去奈子岳に天降った。

図20　真名井神社(京都府宮津市)

海村雲命と海道姫（高照姫）命がともに大神を祀り、新嘗をしようと考えた。井戸の水がたちまち変わって、神饌をかし（炊）ぐことができなかった。それで、泥の真名井と呼ばれた。

　ここで、海道姫命が葦を抜いて、大神の心を占った。このことから葦占山という名がついた。海道姫命は、弓矢を海香語山命に授けて、おっしゃった。「あなたは三回その矢を放ちなさい。矢が着いたところがかならず清いところです。」

　海香語山命はうなずいて、その矢を射た。すると矢は、この国の矢原山に到った。すると、その矢に根が生え枝葉が茂った。それで、その地は矢原と名づけられた。（矢原は屋布と読む）

　このため、その地に神籬を建て大神を遷し祀った。こうして初めて墾田をお定めになった。

　この東南三里ほどのところに、霊泉がわき出た。それで海村雲命が、その泉水を泥真名井にそそぎ（六字虫食）、荒れ水をやわらげた。そこで、その泉の名は真名井と呼ばれるようになった。

　与佐の郡

　かたわらに、天の吉葛が生える。真名井の水をその瓠に汲んで神饌を料理し、永く大神に供えた。それで、真名井原の瓠宮と呼ばれた。

　このように、春秋に田を耕し、稲種をまきほどこし、

四方の村に広めたところ、人民が豊かになった。このために、その地域に田造（たつくり）の名がついた。

現在、真名井神社の地は比治真名井原の地名になっているが、この文章により、泥（ひじ）の字から比治に変わったことがわかる。

またこの文章には、アマベ氏たち渡来人が稲作を広めたと書かれている。陸稲栽培は先住民により既に日本で始まっていたが、アマベ氏たちは最新の水稲技術を使って大規模に稲作を開始し、先住民よりも勢力を拡大させていったものと考えられる。

4．アマベ氏の親族

アマベ氏が建てた籠神社では、二面の伝世の漢鏡が社宝となっている。古い鏡が、発掘により発見されるのではなく、伝世するというのは非常に珍しい。両方ともに内行花文鏡で、女神のシンボルとして祀（まつ）られた。

そのうち、「沖津鏡（おきつかがみ）」と呼ばれる後漢鏡は、宗像三姉妹の長女・タゴリ姫ゆかりの品であるという。

もう一方の「辺津鏡（へつかがみ）」は前漢鏡で、数が少なく貴重なものである。これは、宗像三姉妹の次女・タギツ姫ゆかりの品であるという。タギツ姫はカゴヤマを産んだ高照姫の母君であり、タゴリ姫は高照姫の叔母君にあたる。

つまり二面の鏡は、アマベ氏の祖先と親戚を記念している

ことになる。

　宗像三姉妹の次女・タギツ姫は、伯耆国に住んだ。そこには宗形神社（米子市宗像）が建てられ、宗像三女神が祀（まつ）られている。
　タギツ姫が移り住んだ米子周辺には、徐福族の一部の人が住みついていた。その地には、徐福にちなんで福の字がついた福市や福原の地名がつけられた。その周辺では渡来系の遺物の土笛（陶塤）なども出土している。そこに残ったハタ族は、イズモ族との混血を深めた人々であったものと考えられる。
　富家と神門臣家は仲が良く、しばしば舟で訪問し合っていた。タギツ姫は、ヤチホコ王が亡くなったあとに、海童たちが目につく多伎の地を嫌い、姉・タゴリ姫が輿入れした東王家領のアダカヤ（東出雲町）の地に移り住んだ。のちに彼女は「アダカヤ主」と呼ばれ、人々に慕われた。彼女の没後、その宮跡には阿太加夜（あだかや）神社が建てられ、タギツ姫が祀（まつ）られている。
　阿太加夜神社（東出雲町）では、12年に1度、ホーランエンヤの船祭りが行われる。宍道湖の松江城の近くから数十隻の飾り船が出発し、オウ川河口の阿太加夜神社まで航行する。途中の大橋川を通るときに、船の上で若者たちが勇壮に踊る。
　「ホーランエンヤ」とは、「蓬莱塩爺」がなまったものだ、

第六章　武御名方(たけみなかた)と五十猛(いそたけ)の移住

という説がある。「蓬莱」とは、徐福族が和国を呼んだ名である。「塩爺」については『日本書紀』に、「事勝国勝(ことかつくにかつ)の神は、これイザナギノ尊の子である。またの名を、塩土(しおつち)の老爺(おじ)という」と書かれている。「塩土の老爺」を縮めて、「塩爺」と呼ぶらしい。

アマベ氏が建てた真名井神社の境内の奥には、石神が祀(まつ)られている。その説明では、「塩土爺(しおつち)(亦名住吉同体)」と書かれ、その下に小さい字で、「大綿津身(わたつみ)神、亦名、豊受大神」と書かれている。

「住吉同体」の住吉神社では、海神三神を祀(まつ)っている。住吉神社の祭神については、『先代旧事本紀(せんだいくじほんき)(以下、旧事本紀)』に次のように書かれている。

　　　底津少童命(わたつみ)　中津少童命(わたつみ)　表津少童命(わたつみ)
　　　この三神は、阿雲連(あずみ)らが斎(いわ)い祀(まつ)る筑紫・斯香神(しか)である。

少童命(わたつみ)とは、徐福とともに来航した海童たちの霊である。『古事記』には、この神は綿津身の神(海神)と同じだと書かれている。阿雲連については、新撰姓氏録の右京神別に「阿雲宿祢は、海神綿積・豊玉彦神子、穂高見命の後である」と書かれている。

「阿雲(あまず)」とは、「海住み」の発音が縮まった苗字で、アマベ氏の親族であるといわれる。

後年、阿雲氏は信濃地方に移り住んだため、長野県松本市から白馬岳にかけての地域は安曇郡と呼ばれるようになっ

た。松本の近くには安曇野という地名もあり、そのそばの穂高町には穂高見命を祀る穂高神社が建てられている。

　そこには、竜に乗った少年が活躍する話が伝わっている。この地はタケミナカタが持ってきたサイノカミ信仰が盛んであったので、サイノカミの竜神と海童神の両方の影響を受けた話がつくられたものと考えられる。

　筑前国の志賀島は、後漢の光武帝から受けた金印が見つかった地として有名である。その島にある志賀海神社の社家は阿曇氏で、アマベ氏の親族である。見つかった金印は、阿曇氏がもらい受けたものと考えられる。

　志賀海神社についての歌が、万葉集1230番にある。

　　　　ちはやぶる　金の岬を　過ぎぬとも
　　　　われは忘れじ　志賀の皇神

「金の岬」とは、宗像市玄海町の北端にある「鐘ノ岬」のことである。この歌は、鐘ノ岬に近い志賀海神社の神が、皇族と血縁があることを示している。

　筑紫・斯香神がのちに発展して、住吉神となった。『旧事本紀』には、次のように書かれている。

　　　底筒男命　中筒男命　表筒男命
　　　この三神は、津守連らが斎い祀る住吉三前の神である。

『新撰姓氏録』によれば、津守連もアマベ氏の親族である。

　住吉の三神は、それぞれの役割がある。表筒男命は海上の神で、荒波を鎮め航海安全の神とされた。中筒男命は海中の

第六章　武御名方と五十猛の移住

魚などの海の幸を恵む、漁業の神である。底筒男命は、海底の竜宮の神とされた。

　神名の「筒」とは、古語の星の意味であり、道教の星神に由来する。また、船の帆柱のことで、船の守り神の意味でもあった。

　アマベ氏は、構造船を使って航海や漁業をしたので、海神の性格も持っていた。『住吉大社神代記』には、アマベ氏の五十猛命（カゴヤマ）は「船玉の神」であると書かれており、かれが航海と漁民の神であると考えられていたことがわかる。

５．徐福族の信仰

　真名井神社で祀られている豊受大神は、『丹後国風土記（逸文）』で「豊宇賀能売命」とも呼ばれ、名前の中に穀物の神・宇賀魂が含まれていることがわかる。

　徐福（ホアカリ）はシナから渡来し、農林業、特に稲作を広めた指導者であった。出雲郡武志の北方には、宇賀という地名の山々がある。宇賀の地には徐福集団の子孫が住み、宇賀の神を祀っていた。それは、徐福集団が持ってきたシナの社稷（図21）の神が変わった神であった。それは稲魂ともいう穀物の神で、のちの渡来人・秦氏が建てた稲荷神社の神とも共通する信仰であった。

　カゴヤマが吉佐宮で最初に祀ったのは、この宇賀の神であ

ったと考えられる。そのことを示すように、真名井神社の境内には、「宇賀魂（稲荷大神）」と説明されている石神が鎮座する。また『海部氏勘注系図』には、「真名井」の別名は「宇介井(うけい)」であると書かれており、この「ウケ」は「ウカ」と同じ意味であると

図21　社稷神（出雲市乙見神社）

考えられる。宇賀魂は、のちに稲荷神と名を変えて祀(まつ)られるようになった。

　古代シナでは、道教の西王母の眷族(けんぞく)神がキツネとされていた。それでシナからの渡来人がキツネを尊重したので、キツネが稲荷神の眷族神になったという。キツネは、古代には「ケツ」と呼ばれたので、宇賀魂は「ミケツ神」とも呼ばれ、神饌(みけ)の神と考えられるようになった。

　ところで徐福族は、秦国に滅ぼされた斉国の人々の子孫であった。斉の王族は、消えたユダヤ十支族といわれる人々の一族だ、との言い伝えがある。それで、道教にはユダヤ教の

第六章　武御名方と五十猛の移住

影響があるという。

　真名井神社の真名井とは、「恵みの泉」という意味である。そのマナとは、旧約聖書に書かれているユダヤ人の脱エジプトの故事にちなむという。

　エジプトの奴隷となっていたイスラエル人たちを、モーセが王の許しを得てイスラエルに率いて帰ることになった。モーセたちが引き潮の浅瀬をわたった後、気が変わった王の軍勢が追いかけてきたが、そのときは既に満ち潮になっていて、モーセたちは軍勢から逃れることができたという。しかし、アラビア半島を通るときに、かれらは飢えた。

　そのとき見つかったのが、マナという食べ物であった。それは植物が分泌した樹脂状の物質で、そのおかげでかれらは飢えをしのぐことができたという。

　イスラエル人は、マナを神の恵みであると感じた。かれらが「過越し祭」で種なしパンを食べるのは、マナの故事を記念しているからだという。またカトリック教会のミサで、聖職者が信者にコイン状のセンベイを与えるのも、マナの故事を真似しているという。

第七章　徐福の吉野ヶ里文化

1．徐福の秦国帰国

　出雲王ヤチホコとコトシロヌシの遭難事件のあと、徐福は高照姫と五十猛を和国に残し、一旦秦国に帰国した。そして、始皇帝に再び渡航をしたいと申し出た。『史記』「秦始皇本紀」に、帰国した徐福が始皇帝に謁見したときの様子が、次のように書かれている。

　　37年（紀元前210年）、始皇帝は琅邪（シャントン省）に至った。

　　方士の徐市（徐福）は海に浮かんで仙薬を求めたが、数年すぎても得られず、使った費用は莫大であったから、責任を取らされるのを恐れて偽って言った。
「蓬莱島の薬を手に入れることは可能です。しかし幾度も大ザメに苦しめられて、島に着くことができません。どうか弓の名手を連れて行かせてください。大ザメが現れたら、弩を連発して仕留めましょう。」
　始皇帝は海神と戦った夢を見た。その海神は人と同じようであった。この夢を占博士に聞いたところ、博士はこう言った。「水神は見ることはできません。つねに大魚や蛟竜の形となって現れるのです。いま、陛下は祷祠を整えているのに、この悪神が現れました。これを除ければ善神が現れます。」そこで始皇帝は、海に入る者に大魚を捕らえる器具をもたせ、自らも連弩で巨魚の現れるのを待ち構えて射殺しようとした。

第七章　徐福の吉野ヶ里文化

　　　琅邪から栄山、成山に至ったが見られず、ついに之罘に至り巨魚を発見し、一魚を射殺した。のち海岸に沿って西行し、平原津に至ったとき病気になり、紀元前210年の丙寅、始皇帝は沙丘で崩御した。

　この文で「海に入る者」とは、3回目の渡航を実行しようとした徐福たちを指していると考えられる。「大魚を捕らえる器具」とは、弩のような軍備であると考えられる。
　始皇帝は徐福の報告を信じ、徐福の要望を聞き入れ軍備を与えた。始皇帝自身が巨魚をさがしたという行動を見ても、かれが徐福の言うことを信じていたことがわかる。
　神仙思想が普及していた山東省には、渤海湾にしばしば蜃気楼(しんきろう)現象が起こることが知られている。蜃気楼が起こると、水平線の彼方の島や山が、まるで海の上に宙に浮かぶように見える。この蜃気楼を見て、神仙の住む仙境だと方士たちは考えたのかもしれない。その影響で、東海の海中にある三神山に神仙が住んでおり、不老不死の仙薬を持っているとの風説が流れていた。
　始皇帝自身も琅邪に長期滞在しており、その際にこの蜃気楼を目にしたのかもしれない。かれが徐福の話を信じたのも、それが理由の一つだったのかもしれない。

　同じような話が、『史記』「淮南衡山列伝」にも書かれている。

　　　徐福に神仙妙薬を求めさせたが、徐福は帰ってきて、

偽って言った。

　臣は海上で神に会いました。すると、その神は言いました。
「おまえは西皇（始皇帝）の使者か」
「いかにも」と臣は答えました。
「おまえは何を求めるのか」と、神は聞いた。
「願い賜りたい物は、長生不死の薬です」と、臣は答えました。
「西皇は礼献が少ないので、見せることはできるが、与えることはできない」と、神は言いました。
　そのあと、神は臣を連れて東南方の蓬莱に至りました。
　…銅色竜形の使者がいて、天に昇り輝いたので、臣が拝んで改めて問いました。
「どんなものを献上すれば、願いはかなうでしょうか」
　すると神は、「童男童女と五穀と各種百工を献上すれば、薬が得られる」と言いました。
　始皇帝はこれを聞いて大いに喜び、早速男女三千人と五穀と種々の熟練工を与え、海に行かせた。
　徐福は平原広沢を得てとどまり王となり、帰っては来なかった。ここに（童男童女の親の）百姓は悲しみ、思いつめて反乱する意志のある者は十戸に六戸あった。

ところで、これらの文章で徐福が遭遇した「大ザメ」や

「銅色竜形の使者」は、出雲王国の竜神信仰の「ワニザメ」や「ヘビ神」のことを示していると考えられる。

出雲王国では、竜は天候を左右する力があると信じられてきた。竜は雲をあやつり風をおこし、雨をふらす。雷や竜巻きも竜の仕業と考えられていた。農作物は天候の影響を受けやすく、雨が多すぎても少なすぎてもうまく育たない。曇って、太陽が隠れることも不作をまねく。そのため、農民たちは適度に雨が降るように竜神に祈った。

また、雷神は竜神の荒御魂(あらみたま)だと考えられていた。古代人は怖いものを神として祀(まつ)る。古代人の雷に対する恐怖心が強かったので、雷神として祀(まつ)った。

山陰地方では竜神信仰がよく残っており、竜神が斎の木をつたって天に昇り、また木をつたって天から地下に戻るといわれる。その姿を示すため、ワラで竜をつくる。それは「ワラヘビ」とよばれる。幹の正面に竜の首をつけて、尻尾を8回木にまきつけると、竜の威力が現れるという。8はイズモ族の聖数であった。ワラヘビが巻かれた斎の木は、竜神木ともいわれる。

また現在の神社の御手洗舎には、青銅の竜の水吹きが使われている所が多い。竜の口から流れた水が、御手洗の水となる。これも、竜神信仰の名残である。

一方徐福たちは、ユダヤ教の影響を受けた道教を和国に持ち込んだ。ユダヤ教では偶像崇拝を禁じ、目に見えない絶対

神を拝んでいた。しかし、目に見えないものは拝みにくいので、透明な空を天の神として拝むようになった。それでも、空全体を拝むことは難しいので、天の星を拝むようになった。星信仰は、古代エジプトに由来する。古代エジプトでは、シリウス星が昇ってくる時期にナイル川の氾濫があった。その７月に「天の祭り」を数週間おこなった。ユダヤ人は、それを真似して天と星を拝むようになった。その星信仰が、ダビデの星のマークにもなっている。シルクロードを通って東方に移住したユダヤ人は、その信仰をシナに伝えた。そして、それが道教に取り入れられたと言う。徐福たちが和国に持ち込んだのは、その星信仰であった。星の中でも、特に北極星とその近くの北斗七星を崇拝した。そのため、かれらの聖数は７であった。

　またユダヤ教では、ヤハウェの神が６日間で天地万物を創造したと説き、７日目は安息日と決めた。このため、ユダヤ人は７日ずつで日数を区切り、それを１週間とした。１週間のうち１日は、休日をもうけた。

　７月７日の七夕星祭りは、後世にシナ系渡来人が信州伊那谷で始めた、と言われる。

　現代の七夕祭りは新暦７月７日に行われるが、梅雨空のせいで星空を眺めることは難しい。もともとは、旧暦７月７日（新暦の８月頃）に行われた祭りであったので、梅雨も上がりきれいな星空を拝むことができた。今でも伊那市など一部の地域では、ひと月遅れの８月に七夕祭りを行っている。

徐福たちが来航した後、イズモ族の聖数8と渡来人の聖数7との間をとって、ワラヘビを7回半まくように変わったところもある。

２．徐福の肥前上陸

『史記』の記録により、紀元前210年頃、徐福はふたたび童男童女約3千人を連れてシャントン（山東）半島を出航し、和国を目指したことがわかる。3回目は2回目と異なり、大人の軍隊と熟練工も同行していた。それは2回目の失敗を繰り返さないよう、徐福が計画した結果であったと考えられる。

かれらが出航した所は、シャントン半島北部の蓬莱という海岸であったと言われる。蓬莱島を目指して出発したので、その名前がついた。

3回目の渡航は、北九州を目指した。それは、出雲王国では王になることが難しい、と徐福が考えた結果であると考えられる。北九州では、出雲王国ほどの防衛体制はなく、徐福たちは容易に上陸できた。

徐福集団が出雲と北九州に渡来したことは、奈良時代まではありふれた話であったが、『記紀』に違う話が書かれたので、その後人々は語らなくなったという。

佐賀県には、徐福関連の史跡が多い。徐福の船団は、初めは伊万里湾についた。一部の人々がそこに住んだらしく、ハ

夕族にちなんだ波多や波多津という地名がついている。また、徐福の福にちなんだ今福や福島という地もある。

その後、南方に広い平野があると聞いた徐福は、一行を連れて船で西海をまわり有明海に入った。そこで、徐福は海に盃を浮かべて、どこに上陸するかを占った。盃が波に運ばれ着いた所に、上陸することが決められたという。その上陸地（佐賀市諸富町）には、「浮盃」という地名がついている。

地元の伝承によると、浮盃の浜は当時芦が繁り、徐福一行はその芦を押し分けて上陸した。上陸後、徐福一行はしばらくこの地にとどまったが、やがて金立山に出立し、記念のため盃を浮盃に残していったという。

諸富町の北方の金立山には金立神社があり、徐福が祀られている。麓には、金立神社の下宮がある。この下宮には、絹本淡彩の『金立神社縁起図』が伝わっている。それは想像図であり、徐福は小型の構造船に乗った姿で描かれている。

しかし茂在寅男は、徐福の時代は大型船が使われた可能性があると主張している。その理由の一つとして、秦以前の戦国時代（前403〜前221）の文献に、次のように書かれていると説明している。

> 張儀が楚王に言った。「秦の西に大船がある。粟を積んで三千里の楚に至る。一隻に五十人と三か月の食料をのせる。一日に三百余里進む。」

徐福の時代から370年ほど後、北九州の物部勢が南九州をまわり四国南岸を通って、第一次東征を行った。その勢力が

紀州の南岸に上陸し、その大船を使って捕鯨を行った。捕鯨で有名な所は、那智勝浦の南方の太地町である。

シナの道教では北極星を崇拝し、「太一星」と称した。それが太地と変り、地名となっている。太地町には鯨の博物館と捕鯨船資料館がある。南部には鯨の供養塔が造られている。

また、徐福上陸地は浮盃の南の「搦(からみ)」の地とされている。しかし地元の詳しい方によると、搦の地はあとから埋め立てられた場所で、真の上陸地は浮盃を流れる大五川(だいご)の付近であったと考えられるという。大五川は今は小川であるが、昔はその川のあたりまでが海で、「浮盃津」と呼ばれる港であったという。

大五川の近くの浮盃公民館の前には、坂本宮が鎮座する。金立神社下宮の『金立神社縁起図』には、徐福が浮盃津に上陸しようとする様子が描かれており、その近くには坂本宮も描かれている。

現在、浮盃の民家には徐福が浮かべたという大きな朱色の盃と、徐福上陸の様子を描いた掛け軸が伝わっている。50年に一度の金立神社の大祭の時には、その盃と掛け軸を表に出して、神輿をお迎えしているという。

徐福は上陸した後、水がなかったので、真っ先に井戸を掘らせた。浮盃の西の民家の庭先に、その井戸の遺構が残っている。そこの説明板によると、徐福一行は、この地に仮屋を建てて井戸を掘り、清水で手を洗い身を清めたという。大正

15年に史跡調査でこの地を発掘したところ、井の字形に角丸太で組まれた5個の石蓋で覆われた古井戸を発見したという。それは「手洗（テアライ）の井戸」と呼ばれたが、その名が変化して、「寺井」の地名となっている。その近くの小川にかかる橋は、「徐福寺井橋」と名づけられている。

諸富町の新北（にきた）神社には、徐福が植えたという樹齢約2,200年のビャクシンの木がある。また本殿には、船に乗った御神像が納められており、徐福の像であると考えられるという。その社では、徐福の化身のスサノオノ命が祀（まつ）られている。また門のそばには、「海童神」と書かれた供養碑が建てられている。海童とは、もとは徐福がつれてきた童男童女の呼び名であった。

佐賀市金立町には徐福長寿館があり、徐福伝承について展示している。屋外には、不老不死にちなんだ薬草園もある。地元では徐福が求めた薬草は、不老不死と発音が近い「フロフキ」であった、と言われている。

徐福集団は、諸富から西や北に広がって住んだらしい。白石町には、福富、福田、福吉といった「福」のつく地名がある。多久市には天山（てんざん）という名の山があり、徐福集団が道教の教えに従い、天の星神を拝んだ場所であると考えられる。

徐福が拝んだ天とは泰山府君であり、道教における泰山の神であった。その信仰については、シナ・晋代の『博物志／巻一』に次のように書かれている。

　　　泰山は天孫ともいう。つまり天帝の孫であり、人の魂

第七章　徐福の吉野ヶ里文化

を呼ぶことを司る。東方は万物の始めなので、人の寿命の長短を知っている。

この天孫の説に基づき、『記紀』の編集者たちは、「天孫降臨神話」を作り出したと言われる。

その西方の白石町深浦には、出雲の神社と同じ名の海童神社（図22）がある。この地は龍王崎と呼ばれ、現在は干拓により有明海から離れているが、古代は海岸線に接していた。江戸時代末期に書かれた『大宰管内志(だざいかんないし)』によれば、「徐福は有明海の沖ノ島を経て、龍王崎に到着した後、舟で諸富町寺井津に渡り、更に金立山に至った」とあり、この地にも徐福が立ち寄ったことが記録されている。だから神社に、海童（童男童女）の名がついたものと考えられる。

童男童女は、のちに「唐子(からこ)」とも呼ばれた。唐津は、唐子が着いた所であるので、のちに「唐」の字が当てられたものと考えられる。

佐賀県神埼町には、「唐香原(からこばる)」という地名がある。それは、唐子が住んだのでついた地名であると考えられる。香は、もとは子の

図22　海童神社（佐賀県白石町）

字だったものが変わったのであろう。そこからは、弥生時代にシナから伝わったと考えられる甕棺墓(かめかん)も出土している。

3．ニギハヤヒと母君・高木姫

徐福は、筑紫では「饒速日(にぎはやひ)」を名乗った。徐福が童男童女たちを集めた地域は千童県という地名がつき、その後饒安県(じょうあん)に変わった。饒速日の「饒」の字は、故郷の饒安の「饒」の字を使ったものと考えられる。

徐福は丹後国ではホアカリを名乗り、筑紫ではニギハヤヒを名乗った。つまり、ホアカリとニギハヤヒは同じ人であった。そのため、『先代旧事本紀（以下、旧事本紀と呼ぶ）』では、「火明饒速日尊」と続けて書いて、両者が同一人物であることを示している。

『旧事本紀』には誤った内容も書かれているが、『記紀』に無い重要な内容も存在し、古代史の復元のために役に立つ書物である。

筑前（筑紫野市）には、ニギハヤヒたちが道教神を拝んだといわれる天拝山(てんぱいざん)がある。宝満川をはさんで、その東側には宮地岳（天山(あまやま)）がある。

山腹に二つの大岩があったという。一つは「童男卯女船繋石」(かんじょ)と呼ばれ、今もそこにある。卯(かん)は童と同じ意味である。もう一つは「唐船岩」であるが、この岩は今はない。

山の麓には、徐福が秦国から連れてきた母親を祀る(まつ)高木神

社がある。母親の和名は、高木栲幡千々姫と伝えられている。「幡」は「秦」を意味する。

彼女は『日本書紀』にその名が書かれ、忍穂耳の妻とされている。彼女は、初めJR佐賀駅の北側付近に住んだらしく、その地にも高木の地名がある。そこからは、ニギハヤヒの子孫のシンボルの広形銅矛が出土している。彼女は、のちに筑紫の南部に住んだという。そして亡くなった後は、「高木の神」という名で祀られた。

現在の高木姓の人は、徐福の子孫である可能性が高い。佐賀県にも高木姓の人が多いのは、そこに高木姫が住んだためであると考えられる。

4．アマベ氏とモノノベ氏

ニギハヤヒは、宗像家の三女・市杵島姫を后に迎えた。そして産まれた子が、ヒコホホデミ（彦火火出見）と穂屋姫であった。ニギハヤヒは、自らの別名が彦福であったことから、男児の名に「彦」の字をつけた。ヒコホホデミは、アマベ氏のカゴヤマの腹違いの弟ということになる。ヒコホホデミの家は、のちにモノノベ氏となった。

徐福集団は、2回目と3回目を合わせて5千人以上の人数にのぼった。その子孫は、その後の和国の大きな人口になっている。『史記』の徐福渡来の記事は、そのことを示している。現代の日本人の大部分にも、徐福集団の血が流れている

と考えられる。そのことから考えても、徐福渡来の史実は日本人にとって重要であり、無視することはできない。

　丹波・アマベ氏のカゴヤマは、筑紫・モノノベ氏の穂屋姫(ほや)を后に迎えた。言いかえると、徐福の異母兄妹が結婚したことになる。そして生まれた長男が、村雲(むらくも)であった。村雲は、のちにヤマト政権の初代大王となる人物であった。
　これらの人物関係は、『海部氏勘注系図』と『旧事本紀』に記録されている。それらの記録は、出雲の旧家の伝承とも合致する。それらの離れた所で別々に伝わった記録や伝承が一致するということは、その内容が正しいことを示している。
　またアマベ氏は渡来系であるので、漢字の知識を持っていた。その漢字を使って系図をつくり伝えてきたので、『海部氏勘注系図』の内容はかなり正確であると考えられる。
　アマベ氏とモノノベ氏はこの時代は友好関係を築いていたことが、この話からわかる。アマベ氏とモノノベ氏が婚姻関係を結び、友好関係を深めることは、徐福の意向であったものと考えられる。両家ともに構造船を持っていたので、お互いに船で行き来していた。
　アマベ氏の籠神社の摂社・蝦子神社(えびす)に、モノノベ氏のヒコホホデミが祀(まつ)られているのは、その関係によるものと考えられる。
　しかし、のちにこの両氏の子孫は対抗心が強くなり、仲が

悪くなって、覇権を争うことになる。

5．吉野ヶ里遺跡と吉野ヶ里土器

　ニギハヤヒは、筑後平野で勢力の拡大につとめ、その地で亡くなったという。

　ニギハヤヒは、3回目の渡来の時に軍備を整えてきた。そのため、兵力の強い集団であった。そのため2〜3世紀の第一次および第二次モノノベ東征のときに、兵力でヤマトの勢力を圧倒した。そのため、兵を意味する「モノノフ」に由来する「物部」の氏を大王から与えられた。物部氏は渡来系であったので、のちの氏姓制度において「連」の姓(かばね)を使い、物部連を名のった。氏姓制度において、「連」は臣に続く2番目の姓であった。

　この本では、ニギハヤヒの子孫を便宜的にモノノベ氏と呼ぶことにする。またかれらの王国のことを、モノノベ王国と呼ぶ。

　筑紫は2世紀まで、モノノベ王国であった。宇佐公康著『古伝が語る古代史』には、「物部氏の原住地は筑後平野であった」という宇佐家の伝承が紹介されている。九州の豪族であった宇佐家のこの伝承は、出雲の旧家の伝承とも一致する。

　徐福族子孫のモノノベ王国は、先住のイズモ族と混血を進

めながら、勢力を拡大していった。ニギハヤヒが筑後川流域で勢力を伸ばしたあと、息子・ヒコホホデミの頃には筑後と筑前を支配するようになった。

北九州のイズモ族の家々では、物部族との混血児が増えてからは、物部族と協調するように変わっていった。ハタ族は武力にすぐれていたので、勢力を強めて九州の北端部を支配し、その国をかれらの出身国の秦にちなみ「築秦国」と自称した。これが変化して、筑紫の国になったという。その勢力は、吉野ヶ里を中心として強力となった。

かれらが住んだ集落が、吉野ヶ里遺跡（佐賀県神埼郡、口絵6）であると考えられる。吉野ヶ里遺跡は、東を流れる田手川を堀として利用し、環濠を二重三重に巡らせた大集落である。環濠の内側には防御用の柵が設けられ、戦闘を意識した造りとなっている。また、その形状は臨淄城壁の防御構造の形にそっくりであると、七田忠昭氏は著書に書いている。吉野ヶ里遺跡の北内郭の南側に、半円形の環濠突出部がある。同じ構造が内郭の西北側にもある。北内郭の東環濠の屈曲部分は、2ヶ所がコの字に突出している。

春秋戦国時代の斉国の都城である臨淄古城には、濠と城壁が巡らされていた。そこの半円形突出部やコの字形突出と、吉野ヶ里遺跡の環濠がきわめて良く似ている。臨淄は徐福が住んだシャントン半島にあったので、徐福集団が和国渡来後につくった吉野ヶ里遺跡が似るのは、当然であるといえる。

『肥前国風土記』の神埼の郡に、「むかし、この郡に荒れる

第七章　徐福の吉野ヶ里文化

神がいて、往来の人が多く殺された」と書かれている。この「荒れる神」とは、徐福の子孫の集団を指していると考えられる。

　吉野ヶ里遺跡では遺骨を納めるための甕棺(かめかん)（図23）が、２千基以上出土している。それは、シャントン省歴城県出土のものと同じであった。
　歴史学者・衛挺生(えいていせい)によると、日本の甕棺はシナの夏時代の聖周(そくしゅう)と同じもので、夏民族の平民葬具であったという。周時代には、未成年を葬る棺であって、燕斉一帯にときどき発見された。
　徐福集団は吉野ヶ里から、肥前から筑前・筑後へと広がって住んだ。それらの地方に、吉野ヶ里式土器が広がって使われた。
　福岡県小郡市津古内畑から壺形土器が出土した。これはシナの安陽県后岡出土の陶罐と同じ形であり、竜山文化のものであった。
　吉野ヶ里式土器は、ロクロを回して陶土を成形し、焼き窯に入れて焼かれる。これはシナで発生

図23　甕棺（吉野ヶ里遺跡）

した技術であった。

　紀元前に徐福集団がシナから直接に来て、吉野ヶ里土器を作った。だから吉野ヶ里土器は朝鮮のものより古かった。

　吉野ヶ里土器は３世紀のモノノベ東征で奈良地方へ伝わった。さらに４世紀のハリマタケル（物部小碓王）の東国遠征により関東地方に伝わった。だから吉野ヶ里土器を関東の弥生の地名で呼ぶのはおかしい。吉野ヶ里土器と呼ぶべきである。

　高坏の古い物は、福岡県小郡市小郡から出土したが、これはシナの山東省臨沂から出土した物と同じで、シナでは陶豆と呼ばれる物であった。これらの土器は、吉野ヶ里からも出土している。

　吉野ヶ里からは、ルツボやフイゴの羽口が出土している。これは鉄器や青銅器を作った証拠である。実際にワラビ手の鉄刀や銅剣が出土した。さらに小型銅鐸も出土した。

　これは出雲王国の銅剣文化やヤマトの銅鐸文化は吉野ヶ里文化と同系統であり、いわゆる弥生式文化の最古のものは吉野ヶ里文化であると言うことができる。

　吉野ヶ里の周辺がモノノベ氏の重要な旧跡であったことは、奈良時代まではよく知られた話であった。しかし、その事実は隠され、『記紀』に書かれなかったので、次第に忘れられていったという。

　『記紀』が書かれる以前の飛鳥時代に、豊御食炊屋姫（推古女帝）は新羅征討のため、上宮太子の兄・久米皇子を筑

第七章　徐福の吉野ヶ里文化

紫に向かわせた。久米皇子は佐賀地方の旧物部勢力の家に立ち寄り、そこで発病して翌年に死去した。次に太子の弟・当麻皇子を向かわせたが、かれの妻が病となり、途中で引き返した（斎木雲州著『上宮太子と法隆寺』参照）。

　よくないことが続いたので、石川臣家の血筋の推古女帝は、上宮太子や石川臣家の勢力がかつて物部宗家・守屋を攻撃し、滅ぼしたことを気にされた。それで、吉野ヶ里付近にモノノベ氏を祀る神社を建てさせた。そのことが、『肥前国風土記』の三根の郷に書かれた。

　　　むかし三根の郡と神埼の郡は、合わせて一つの郡であった。…
　　　この郷の中に神の社があり、神の名を物部経津主神という。以前、オハリダ宮で天下をお治めになったトヨミケカシキヤ姫大王（推古女帝）が、来目（久米）皇子を将軍として新羅を征伐させた。
　　　そのとき皇子は指図を受け筑紫にきて、物部の若宮部を遣わして社をこの村に建て、その神を鎮め祀らせた。これによって物部の郷という。

　現在、佐賀県三養基郡北茂安町には物部神社があり、物部経津主が祀られている。この神社周辺が風土記に書かれた物部の郷であったと比定され、明治時代に物部神社と改称されたという。

　物部経津主の「フツ」とは、除市（徐福の別名）のフツを示す。つまり物部神社には、モノノベ氏の祖・徐福が祀られ

ていることになる。

　7世紀のシナの史書『梁書』「諸夷伝」に、「日本列島の和人が、自分は周の王族・太伯の子孫であると称した」、との記録がある。商（殷）を倒した周の太公望は、シャントン省に斉を建国した。そこの人々を連れて、紀元前3世紀末に徐福（ニギハヤヒ）が北九州に渡来した。かれらは、商代末の銅矛や銅戈を保持していて、北九州に持ってきた。そしてニギハヤヒやその子孫は、連れてきた熟練工の集団に、銅矛や銅戈を鋳造させた。

　モノノベ氏は筑後方面の豪族の頭となり、北九州各地の豪族にそれらを配って、勢力の拡大をはかった。特に中広形銅矛は、ニギハヤヒの頃の勢力範囲であった有明海沿岸や筑後平野から出土する。巨大化した銅矛は、対馬や豊前、西四国からも発掘される。その広い地域が、モノノベ王国の勢力範囲であった。大型の銅矛は、神祭りの祭器として使われ、モノノベ王国の王のシンボルであった。

　銅矛は出雲にも贈られたらしく、神庭斎谷（荒神谷）遺跡からも出土した。出雲王国は、勢力を拡大させつつあるモノノベ王国に近づき、友好関係を築いていたと考えられる。

　佐賀県鳥栖市の安永田遺跡は、もともと銅戈や鉄剣が出土したことでよく知られた遺跡であったが、その後の調査で銅鐸や銅矛の鋳型、砥石などが見つかり、青銅器工房の集落であることが判明した。さらに安永田遺跡を含む柚比遺跡群

が、青銅器の一大生産地であることも判明した。特に九州から銅鐸の鋳型が見つかったことは、それまでの定説を覆す大発見であった。

ここで見つかった銅鐸の鋳型は、「福田型銅鐸」と呼ばれる範疇のもので、「邪悪に対しにらみをきかして防ぐ」ことを意味する「眼」の文様があり、「邪視文銅鐸」とも呼ばれている。

吉野ヶ里遺跡からは、銅鐸そのものが出土している。吉野ヶ里銅鐸も「福田型銅鐸」であり、伝島根県銅鐸と同じ鋳型でつくられたものであることが判明している。

これらのことより、モノノベ王国でも銅鐸をつくるだけでなく、銅鐸を使った祭祀をおこなっていたと考えられるようになった。モノノベ王国は、イズモ族との血縁関係を深めていく過程で、イズモ族の信仰も一部取り入れたものと考えられる。かれらは銅鐸を見て、古代シナの打楽器・編鐘に対する懐かしさも感じていたのかもしれない。このようにモノノベ王国の初期の頃は、出雲王国とも友好的な関係を築いていたものと考えられる。

出雲王国の方もモノノベ王国の高度な技術力を評価し、おそらく宗像氏を通じて、銅製品を入手していたものと考えられる。

モノノベ王国は、数百年後には後漢に使いを送り、朝貢貿易をおこなった。

『後漢書』「東夷伝」には、次のように書かれている。

会稽郡（長江の河口流域）の海の彼方に、東鯷人がいる。分かれて20余りの国をつくっている。
　また、夷州（沖縄）および澶州（九州）も会稽の海の彼方にある。そこに秦の始皇帝が神仙方術家の徐福を派遣した。
　童男童女数千人を率いて海上に出て、蓬莱の仙人をさがさせたが、仙人に会うことができなかった。
　徐福は罰せられることを恐れて帰国せず、この澶州にとどまった。
　その子孫が次々と増えて、数万家になったと伝えられている。その夷州や澶州の人々はときどき会稽の市に来る。

この記事は会稽の人の話を聞いて、記録したものである。20余りの国とは、九州地方の国の数であると考えられる。この文章により、徐福集団は持っていた構造船で、会稽方面と交易していたことがわかる。
「鯷」は「鯒」と同じである。東鯷人とは、「東の弟の人々」の意味で、和人を示す。魚へんは、中華思想による蔑字である。

第八章　ヤマト政権の成立

1．イズモ族のヤマト進出

　出雲王国では、ヤチホコ王とコトシロヌシが亡くなったあと、富家の鳥鳴海（とりなるみ）が第９代大名持に選ばれた。かれは、コトシロヌシと親族の鳥耳姫（とりみみ）との間に生まれた御子であった。

　コトシロヌシの別の妃・活玉依姫（いくたまよりひめ）は、主王と副王の２人が同時に枯死した事件を嫌って、実家の摂津国三島郡（大阪府高槻町（たかつき））に帰ることになった。そこには、三島江や三島丘の地名が残っている。姫が富王家に嫁いだので、実家の三島家は出雲の王族と見なされていた。

　三島の地には淀川が流れている。古代、淀川の上流には巨椋池（おぐら）という大きな湖があり、宇治川により琵琶湖に通じていた。そのため三島は交通の要地であり、交易が盛んに行われた。三島家一族は、摂津国から山城国の西南端までを領有しており、交易によって栄え、出雲王国の有力な豪族になっていた。

　活玉依姫の父君は、三島家一族の首長・ミゾクイミミであった。大阪府茨木市には溝昨（みぞくい）神社があり、活玉依姫（玉櫛姫）とともにミゾクイミミも祀（まつ）られている。

　活玉依姫には、息子のクシヒカタ（奇日方）と２人の娘タタライスズ姫、イスズヨリ姫がついて行った。また大勢の出雲人がついていったので、三島周辺の高槻市から京都府向日市（むこう）にかけての一帯は、富王家の領地のようになった。そこに

は、出雲系の三島鴨神社が鎮座している。

　古代出雲では、富家のことをトビ家と発音した。そのため、クシヒカタの家はその読み方を重んじ、登美家の字を使った。のちには、その字でトミ家と呼ばれるようになった。三島のクシヒカタと妹たちが住んだ所には、登美家にちなんで登美の里（高槻市登美の里町、図24）の地名がついた。

　三島の地はクシヒカタたちが住んだため、サイノカミ信仰が早く伝わった。隣の枚方市には蹉跎神社がある。サダという言葉はサルタ彦大神の意味であるので、サイノカミがその地に祀られていたと考えられる。その付近には、蹉跎山や蹉跎池、蹉跎川の地名がある。

　京都府向日市には、鶏冠井町がある。古代には血の赤色は命の色であると考えられていたので、雄鶏のトサカの赤色は尊重された。また、雄鶏は早朝に鳴いて朝日を招くと考えられていたので、太陽の運営をつかさどる聖鳥としてイズモ族から崇められた。それで、雄鶏のトサカを表した鶏冠が尊重された。イズモ族が建てた諏訪大社上社前宮（長野県茅野市）には、その理由

図24　登美の里（摂津国三島）

により鶏冠社が建てられた。鶏冠はサイノカミ信仰に取り入れられたので、サルタ彦が頭につけて祭りの神輿の先頭を練り歩くこともある。

　今城塚古墳（高槻市）に雄鶏のハニワが供えられたのは、死者が朝日のように再生して欲しいとの願いが込められたものだった。島根県松江市にある古墳が鶏塚古墳と名づけられたのも、同様の願いが込められたものであった。

　鶏冠井町にはイズモ族が多く住んだので、その鶏冠にらなんだ地名がつけたものと考えられる。またそこからは、イズモ族の祭器である銅鐸の石製鋳型が見つかっている。その鋳型の銅鐸は、古い型式の菱環鈕式か外縁付鈕式で、この地方に古くからイズモ族が住んでいたことを示している。

　摂津国で成長したクシヒカタは、ヤマト地方に新王国をつくろうと考えた。巨椋池の南から木津川を逆上ると、ヤマト盆地へ行くことができた。そこが出雲より良い都になると考えた。

　当時ヤマト盆地の中央は沼地で、人が住めなかった。ヤマトとは、「狭い」という意味であった。住むには、やや高台の金剛山地の東麓・葛城地方（御所市）が好立地であった。

　葛城は、古くはカヅラキと発音したが、この本では煩雑さを避けるため、現代の読み方の「カツラギ」の読み方を使うことにする。

　クシヒカタは移住の際に、三島家の親族にも協力を求め

た。そして、摂津国から多くの人々を引き連れ、カツラギに移住した。

その地には、南北にカツラギ川が流れている。クシヒカタは、カツラギ山の真東の、カツラギ川の左岸に住んだ。おそらく、カツラギ川を使った交通の便を意識したものと考えられる。その屋敷付近に、父君・コトシロヌシを祀る鴨都波神社（御所市宮前町、図25）を建てた。

古代出雲では、神をカモと発音した。そのため、カツラギに移住した登美家は、カモ家（神家）とも呼ばれた。「神」の字は、のちに「賀茂」や「鴨」、「加茂」の字で書かれるようになった。登美家が、賀茂家と正式に呼ばれたのは、賀茂建津乃身（建角身、大賀茂津身）からであった。

また、コトシロヌシの個人名は八重波都身であった。その名前の一部と、鴨の字が組み合わさって、「鴨都波神社」の名になった。

鴨都波神社の案内板には、「本社は高鴨社に対して下鴨社ともいい、鴨族の発祥地としてこの地方を治め、全国に分布する鴨社加茂の源である」と、書かれ

図25　鴨都波神社（奈良県御所市）

ている。

2．銅鐸信仰の広がり

　カツラギ地方には、出雲の人々も多く呼び集められ、開拓が進められた。そのため、出雲からタタラによる金属精錬技術なども持ち込まれ、広まった。また出雲人は、サイノカミ信仰をヤマトとその周辺に伝えた。

　クシヒカタの妹の１人は、タタライスズ姫（蹈鞴五十鈴姫）と呼ばれ、その名前からタタラに縁のある女性であったことが窺える。名前の中の「鈴」は銅鐸を示し、「五十」は数が多いことを示している。つまり、「タタラで作った銅鐸を、数多く持つ姫」という意味の名前であった。銅鐸は出雲王国の祭りで、神器として用いられていた。

　兵庫県南あわじ市で見つかった松帆銅鐸には、鈕と呼ばれるつり手の部分や、内部につり下げて鳴らす舌と呼ばれる棒にひもやその跡が残っており、銅鐸は木の枝などにつり下げられて、揺り動かして鳴らしていたものと推定されている。

　伯耆国の稲吉角田遺跡から発見された弥生土器の左には、大木の左右の枝につるされた二つの銅鐸の絵が描かれていた（図26）。銅鐸は昆虫のサナギと似ていたので、当時はサナギと呼ばれた。古代の人々は、サナギから蝶や蛾が生まれることに神秘性を感じ、似た形の銅鐸を使って、祭りのときに

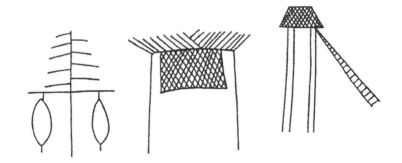

図26　稲吉角田遺跡土器画（米子市淀江町）

鳴らして子の出産や子孫繁栄を祈った。

　その土器には別の絵も描かれているが、全て子の出産に関係する絵となっている。それぞれの意味について、考えてみたい。

　まず、シカと思われる動物の絵が描かれている。このシカは、耳を立て、尻尾を上げて、交尾を待つメスであると考えられる。銅鐸にも同様に、シカの絵が描かれることが多い。

　神殿風の高床式住宅の屋根には、×印が描かれている。×印は、サイノカミのクナトノ大神と幸姫命が重なって、生命を発生させている姿を示している。当時、豪族の夫婦の寝室は、高床式建物の中に設けられた。寝室の入口には、夫婦以外の人が入らないように、×印のついたムシロが掛けられたという。

　舟に複数の人が乗っている絵もある。これは、夫婦の行為の暗喩表現である。古代には舟は、その形から女性のシンボ

第八章　ヤマト政権の成立

ルとされていた。上に乗っている人は、男性のシンボルの形をしているので、男性を示す。舟を漕ぐ様子は、男性が体を動かすことを示す。男性が動かす櫂の先端には、女性のシンボルが形どられている。男性たちの頭の上からは、種水が降り注いでおり、これで子宝を得ることができることを示している。さらに確実に妊娠するように、舟の先端からも種水が降り注ぎ、舟の中を満たそうとしている。そして舟にも、生命発生を示す×印が多数つけられている。

　また古代には、死者は舟で極楽に行くと考えられていたので、この土器には死者に対する思いやりが表現されている、と考えることもできる。

　六重丸と＋印が重ねられている絵もある。この絵は、出産を示す絵である。一番小さな丸は、今まさに生まれ出てこようとする新生児を示している。＋印は×印と同じ意味である。

　つまり土器に描かれたこれらの絵は、すべて妊娠や出産に関するものであった。

　銅鐸にも、×印が連なる網目模様がよく使われる。また、銅鐸には渦巻きの絵も描かれることが多い。×印の先端が渦巻きになっている模様もある。

　古代には渦巻きは、和合・妊娠の模様として尊重されていた。古代の人々が子宝をのぞむときに、水の渦巻きのように男の種水が深く吸い込まれることを願った。そうすることで、子宝が得られると信じられていたのであった。

三角形にも重要な意味があった。逆三角形（下向きの三角形）は女性原理を表す。その形は女性の下腹の部分を示す。そこの内側には出産のための大切な臓器の子袋や産道があり、古代人はここが重要な所だと知っていた。一方、上向き三角形は男性原理を表す。その両者により、生物界は生成発展する。それで、両方の三角形がそろうと縁起がよいと考えられた。だから、銅鐸にも三角形がよく使われている。

　性交は重要なものだが、性器は排泄器官でもあるので、人はそれに羞恥心を持っている。そのため性に関するものを別の形で表わし、ごまかすことが多い。これは古代文化において、世界共通の現象である。その「見せかけ表現」を見抜くことが、古代人の信仰を理解するのに必要である。

　古代は医学が未発達だったので、病気で死ぬ人が多かった。とくに乳幼児の死亡率が高かった。そのため、出産や子孫繁栄が人々の一番の関心事であった。妊娠や出産自体にも古代人は神秘性を感じていたし、感謝の念も強かった。そのため、これらの絵はおめでたいものとして尊ばれた。また作物に実がなることは、作物にとっての子孫繁栄であるとの考えから、作物の豊作を祈る時にもこれらの絵が使われた。

　登美家は、カツラギ地方に銅鐸の祭りを持ち込んで、広めていった。カツラギ王国の拡張した領域内に、銅鐸の古語が地名になった所がある。たとえば、伊賀国上野の北方には、佐那具（さなぐ）という地名がある。三河国西端には、猿投（さなげ）山と猿投神社がある。この「猿投」も、銅鐸の古語を示していると考え

られる。

　銅鐸の出土数は、2番目に古い外縁付鈕式の後半段階から、次の扁平鈕式にかけて、近畿地方での数が増加していく傾向がある。

　鴨都波(かもつば)神社付近では弥生時代の集落の跡が見つかっており、銅鐸の姿を模した土製品が出土している。その西方の櫛羅(くじら)高間田からは、昭和25年に銅鐸が発見されていたことがわかっている。(銅鐸は惜しくも火災で焼失した。)

　土器絵画の右端の大柱上の建物は、高層神殿である。三内丸山から能登の真脇や出雲大社へと続いている。

3．出雲系神社の増加

　鴨都波神社の西南には長柄(ながら)神社(御所市名柄)があり、コトシロヌシが祀(まつ)られている。『新撰姓氏録』には、「長柄首は事代主の末裔である」と書かれており、この付近に登美家の一族が住んだことを示している。

　鴨都波神社の西方には、猿目(さるめ)という地名があり、川に猿目橋がかかっている。そこには登美家の分家が住み、その家系はサルタ彦大神を祀(まつ)った。その家系の娘が、サルタ彦大神を祀(まつ)る司祭となったので、その家は猿女(さるめ)家と呼ばれた。猿の字は、前述のとおり当て字である。

　猿目の南方には、葛城一言主(ひとことぬし)神社(御所市森脇)がある。そこではコトシロヌシが祀(まつ)られており、登美家の関係者が建

てた社であると考えられる。社名の由来は、『古事記』に次のように書かれている。

　　　一言主の神が「われは悪事も一言、善事も一言で言いはなつ神、葛城の一言主大神である」と申した。

これは、「凶事も吉事も一言で決める神」という意味である、と言われている。

さらに南には、郷戸家からアマベ家のホアカリに興入れした高照姫（天道姫）を祀る葛城御歳神社（御所市東持田）がある。その社の名は、正月祭りの神・歳神に由来する。

高照姫の御魂は出雲に里帰りして、出雲大社の裏の大穴持御子神社に祀られている。その社の通称は三歳社（出雲市大社町杵築東）といい、歳神（通称、トシガミさん）として正月三日に参拝客で賑わう。参拝客は、福を招くという福柴を受けて帰り、それを家に飾る。

一方、出雲の郷戸家には、アジスキタカ彦の息子に、兄・塩冶彦と弟・多岐都彦がいた。塩冶彦の家系は、王家として出雲に残ったが、多岐都彦は親族や家来を連れて、クシヒカタを頼ってカツラギに移住した。多岐都彦は、カツラギ川の上流地域（鴨神上）に住んだ。

カツラギに移住した郷戸家の人々は、登美家と同じく、カモ族と呼ばれた。カツラギ南部に住んだ郷戸家は、とくに高鴨家と呼ばれた。のちに多岐都彦は父君・アジスキタカ彦と、叔母の下照姫とその婿・天稚彦の霊を祀る高鴨神社

第八章　ヤマト政権の成立

（御所市鴨神、図27）を建てた。

　金剛山は古くは高天山(たかま)と呼ばれた。その山の東には、高天村があった。そこは高鴨神社の西北にあり、

図27　高鴨神社（御所市鴨神）

神門臣家出身者の多くが祖先を葬る土地であった。そこが、「高天原(たかあまはら)」と呼ばれる聖地となった。その「高天原」の地名が、『記紀』で天皇家の先祖神が住む天国の意味に使われた。

　これらの移住の結果、ヤマトへ移った人は、出雲人の約半数にのぼった。それに伴い、カツラギ地方には出雲系の神社が次第に増えていった。

4．三輪(みわ)山の祭り

　イズモ族は、ヤマトに神名備(かむなび)山信仰も持ってきた。「なび」は隠(こも)るという意味で、祖霊はきれいな三角錐形の山に隠っていると考えられていた。形の円い山は、妊娠した女性の腹を連想するので、女神山と考えられた。ヤマト地方では、円く

167

秀麗な形の三輪山（桜井市、図28）が女神山と考えられていた。

またイズモ族は、インドから太陽信仰を持ってきていた。とくに朝に昇る太陽をよく拝んだ。ヤマト地方では、朝の太陽は三輪山から昇ってくる。その山が女神山であったので、太陽神も女神であると考えられるようになった。それで、三輪山の神は太陽の女神と考えられた。

カツラギからは、東方に三輪山を望むことができた。その山は形が美しいので、多くの人が崇拝した。鴨族の人々は、三輪山の良く見える場所に集まって、そこから昇る朝日も拝むようになった。

当時は母系家族制であったので、家の祖先神の祭りの司は、女性がつとめた。そして、地域の祭りの神主も女性がつとめるのが普通であった。そのため三輪山の初代祭主に、コトシロヌシの姫君・タタラ五十鈴(いすず)姫が就任した。

出雲王国と同じく、年に

図28　三輪山（奈良県桜井市）

2回、春正月（春分）と秋正月（秋分）の日に、タタラ五十鈴姫が司祭となって山の神に祈る大祭をおこなった。そのうちにヤマトの各地の人々が集まるようになったので、祭りを三輪山の西麓でおこなうことになった。

　ヤマトの人々は次第にタタラ五十鈴姫のことを、三輪山の女神であるかのように崇拝した。それで、三輪山の西麓の地に宮を建て、姉妹が一緒に住むことになった。その地はのちに、「出雲屋敷」と呼ばれた。彼女はそこで、太陽の女神を拝む儀式を行った。兄君・クシヒカタは、「天日方奇日方」と呼ばれるようになった。その名の意味は、「天の奇しき力を持つ日（太陽）を祀る人」であった。

　三輪山にはサイノカミの幸姫命が祀られたので、山から流れ出る小川は「狭井川」（幸川）と名づけられている。もとの意味は幸川である。

　狭井川と山の辺の道が交わる場所には、その付近がかつて出雲屋敷と呼ばれたことを示す案内板が建てられている。その近くに鎮座する狭井神社（幸神社、図29）では、コトシロヌシやタタラ五十鈴姫が祭られている。

　三輪山の麓には、大神神社（桜井市）がある。この社では、三輪山そのものが御神体であるので、本殿はなく拝殿から山を拝む。三輪山では磐座も祀られているが、出雲人の磐座信仰が移されたものと考えられる。縄文時代は神が山に宿ると考えて、山そのものを拝む習慣があった。大神神社に本殿がないことは、その起源がかなり古いことを示している。

また、三輪山にはサイノカミ三神が祀られたので、それにちなんだ三つ鳥居が拝殿の奥に建てられている。出雲の長浜神社境内に

図29 狭井神社（三輪山の太陽の女神）

もサイノカミ三神が祀られており、同じように三つ鳥居が建てられている。

　三輪山には、タタラ五十鈴姫の父君・コトシロヌシの神霊も祀られた。その神の名は、のちに大物主と変えられた。
『古事記』には、次のような記事がある。

　　イザナギノ尊が少名彦（コトシロヌシ）に、大国主（八矛ノ命）と兄弟になって、出雲王国を造りなさい、と言われた。…少名彦神が常世の国に渡ったあと、大国主は心配して、「わたし一人で国を造るのは難しい。どこの神が協力してくれるだろうか」と仰せられた。そのとき、海上を照らして近寄って来る神（大物主）が、「われをヤマトの青垣の東山（三輪山）に祀れ」と言われた。その神は、御諸山（三輪山）に鎮座する神となった。

第八章　ヤマト政権の成立

　この記事は、コトシロヌシの子孫・登美家が社家になって、三輪山に大物主（コトシロヌシ）を祀ったことを示している。登美家のクシヒカタは、出雲の神門臣家から美良姫を嫁に迎え、その子孫は磯城県主になった。その家系は、『旧事本紀』「地神本紀」に書かれている。
　出雲人は、竜神信仰やヘビ信仰も持っていた。「海上を照らして近寄って来る神」とは、出雲地方のセグロウミヘビの様子を表している。このヘビは、名前のとおり背は黒いが腹部は金色で、腹をくねらせると、灯りに照らされて黄金色に輝くという。谷川健一著『神・人間・動物』によれば、「夜に海蛇が海の上をわたってくるときは、金色の火の玉に見えると漁師らは言っている」という。『日本書紀』では、大物主神が近寄ってくる様子を、セグロウミヘビのように「あやしい光が海を照らして、忽然と浮かんでくるものがあった」と表現している。
　タタラ五十鈴姫が三輪山の麓に移住したとき、太陽神とともに竜蛇神も祀った。その結果、三輪神社の樹木の根にもヘビ神が住むと言われた。

　古代の出雲系の神祭りでは、お神酒は欠かせなかった。そのため、三輪山周辺では、酒造りが行われた。
　『播磨国風土記』の穴禾の郡に、伊和の大神（大名持）が酒を造ったという記事がある。そこは神酒の村と呼ばれ、のちに伊和の村になったという。

もともと酒を入れるカメを、古語で「ミワ」と言った。それが、神酒(みき)に変わった。大神神社(おおみわ)には、出雲の大物主が酒造りを伝えた、という言い伝えがある。だから三輪山も、酒造りの神が宿る山という意味で、ミワ山と名づけられたものと考えられる。

　三輪山は、また御諸山(みもろ)とも呼ばれる。澄んだ酒（清酒）は、もろみ（いわゆる、どぶろく）をろ過することでつくられている。御諸山(みもろ)の「もろ」は、酒のもとの「もろみ」を意味する、という説がある。

　古代は、竪穴住居を「室(むろ)」と言った。「室」は酒造りに適した建物であった。その屋根が地面の上に出た姿に、御諸山が似ている。だから御諸山(みもろ)は、「御室山」の字が変わったものかもしれない。

5．丹波勢力のヤマト進出

　丹波国で、カゴヤマの跡を継いて王になったのは、長男・村雲(海村雲(あま))であった。かれはヤマト地方が和国の都にふさわしいと考え、移住を決意した。かれは武装させたハタ族を引き連れ、船で琵琶湖を進み、宇治川から木津川を通ってカツラギ地方に到着した。そのあとも数年かけて、大勢の丹波国のハタ族が、カツラギとその周辺に移住したという。

　滋賀県の赤野井遺跡（守山市）からは、準構造船の舳先や舷側板の一部が出土しており、この移住集団が使った船の残

骸である可能性が考えられる。

　村雲は、鴨都波神社の北西・笛吹（ふえふき）の地に住んだ。その辺りは高尾張村と呼ばれていたので、アマベ家は尾張家とも呼ばれた。

　『日本書紀』に「高尾張村に、赤銅の八十梟帥（やそたける）あり」と書かれているのは、この人々であると考えられる。赤銅とは、銅鐸をまつる習慣のことらしい。近くの名柄（ながら）の地からは、銅鐸が出土している。それは２番目に古い外縁付鈕式で、その地方では古い形の銅鐸であった。

　当時ヤマト中央部は沼地で、香具山（橿原市）は沼の中の島のようであった。その様子が海中にある蓬莱島に似ていたので、村雲はそこに父君・香語山命を祀（まつ）る社を建てた。その結果、山の名が「アマノ香具山」になった。香語山命は、香具山の字で呼ばれるようになった。

　村雲は、笛吹の地にも火雷（ほのいかづち）神社（葛城市笛吹、図30）を建て、香語山命を祀（まつ）った。火雷神社の案内板には、「天香山（海香具山）命は音楽と鉄工業の祖神である」と書かれている。ハタ族は、もともとシナから持ち込んだ土笛（陶塤）を吹く習慣があったので、音楽の神とも考えられたのであろう。この頃には、土笛の代わりに、竹笛を使うようになっていた。

　香語山の子孫は笛吹連と呼ばれ、火雷神社の場所も笛吹という地名になった。笛吹連は、尾張家と同族である。『新撰姓氏録』に河内国（大阪府）の氏族として、「笛吹は火明の

図30　火雷神社（葛城市笛吹、旧高尾張村）

末裔である」と書かれている。この記事によれば、笛吹の人々はヤマトから河内方面にも進出したらしい。河内地方は、銅鐸の生産地が集中していたと考えられているが、この笛吹の人々が関わっていた可能性も考えられる。

　火雷神社のもう一柱の祭神は、火雷（ヒノイカヅチ）の神とされている。火雷の神は、「火之輝具土の神」と呼ばれるタタラの神であり、「火野威加槌の神」と呼ばれる鍛冶の神でもある。両者とも金属精錬の神であるが、のちに雷神とも同じとされた。アマベ家（尾張家）は、そこで赤銅製品をつくっていたものと考えられる。またかれらは、登美家とともにヤマトで製鉄をおこなったと伝承されている。

　神門臣家のアジスキタカ彦の娘・大屋姫は、丹波国でカゴヤマの妃となったあと、息子・タカクラジ（高倉下）ととも

にカツラギに移住した。大屋姫は笛吹の北方で晩年を過ごしたので、その地には大屋の地名が残っている。

タカクラジは、のちに和歌山県の紀の川河口付近に移住した。かれはその地に、母君・大屋姫を祀る大屋都姫神社（和歌山市宇田森）を建てた。

ホアカリは、シナから梅や竹などの種や苗を持ってきた。その息子・五十猛（カゴヤマ）は、大屋姫とともに出雲や丹波国に植林した。

梅については、シナ語読みのマイ（mai）が母音変化し、me が ume になったものらしい。また竹については、日本語読みのタケ（take）は、シナ語読みのチク（tiku）が母音変化したものらしい。

『日本書紀』には、次のように書かれている。

 スサノオは、その子・五十猛をひきいて…舟に乗って東方に渡り、出雲の国に着いた。

 初め五十猛神は天降ります時に、多に樹種をもちて下る。

 …大八州国（和国）の内に種をまき、山に青々とした森を広げた。

この記事により、スサノオが、五十猛の父親・徐福と同一人物であることがわかる。

五十猛は出雲の旧家の伝承と『海部氏勘注系図』により、和国で生まれたことは確実であるので、五十猛が渡来したという『日本書紀』のこの記事は誤りである。しかしながら、

五十猛が木を植えたという内容は正しい。

　五十猛（カゴヤマ）の子・タカクラジも父君にならい、紀伊国に植林した。その結果、そこは木が多く茂る国となり、「木の国」と呼ばれるようになった。それがのちに紀伊国に変わった。タカクラジは尊敬され、その子孫は豪族となって、のちに紀伊の国造家の家系となった。

　伊太祁曽（いたきそ）神社（和歌山県和歌山市）には、紀伊国造家の祖神として五十猛が祀（まつ）られている。この社では、五十猛の「五十」を「イ」と発音して、「イタケル」と呼んでいる。

　また和歌山市園部には、五十猛を祀る伊達（いだて）神社もある。後述するが、「イダテ」とは「イソタケ」の発音が変化した呼び方であった。

　高鴨家と紀伊家は血縁関係があり、領地も近かったので、両者は結びついてヤマト国内で大きな影響力を持つようになった。

6．ヤマト政権と村雲大王

　ヤマトへ移住した村雲は、水田耕作の指導をしたので、ヤマト国全体から尊敬された。

　アマベ家は出雲王家の親戚でもあり、出雲王家に対し尊敬の気持ちを持っていた。アマベ家が作成した『丹後国風土記（残欠）』には、出雲王の大名持・少名彦に対する尊敬の気持ちが表れている。

またヤマトにおけるアマベ勢力は、数の上でもイズモ族に劣っていた。このことはカツラギ地方において、出雲系神社の方が渡来系神社よりも圧倒的に数が多いことからもわかる。

　クシヒカタは、アマベ勢力と協力関係を結ぶため、妹・タタラ五十鈴姫の婿養子として村雲を迎えることにした。

　クシヒカタは妹たちが先に住んだ三輪山の麓に移り住んだ。それにならって、村雲は笛吹村から穴師に移住した。

　出雲勢力とアマベ勢力は協力して、政治的共同体をつくった。それが、初期のヤマト政権だった。

　村雲はタタラ五十鈴姫の婿として、クシヒカタ勢力を後ろ盾にして、両集団の代表のような権力を得た。村雲は、後世に初代大王と呼ばれた。そのときの支配地は、まだヤマト地方とその近辺のみであり、一地方の王程度の実力しかなかったが、この本では他の王と区別するために、「大王」と呼ぶことにする。村雲大王の名は、『宋史』「外国伝」にも記録されており、実在の人物であったことがわかる。村雲はアマベ家出身であったので、その最初の王朝をアマベ王朝と呼ぶことにする。

　村雲がヤマトの初代大王に就任した時、祝いとして出雲王が出雲形の銅剣を記念に贈った。その剣は村雲の持ち物になったので、「村雲ノ剣（つるぎ）」と呼ばれた。それは、クナト王が和国に持ってきた矛を真似てつくったものであった。

　その剣は村雲の手から尾張家に伝わり、のちに尾張国の熱

田神宮に収められた。そのあとヤマトタケルの草薙の架空話が作られ、「クサナギノ剣」と呼び名が変えられた。

　尾張家は村雲ノ剣（クサナギノ剣）を、神宝として熱田神宮の八剣社に奉納し、現代まで伝えている。剣は箱に納められ、錆（さ）びないように、特別の土でおおわれているという。

　この剣は、天智帝の時代の668年に、新羅の僧・道行により熱田神宮から盗難された。熱田神宮では、剣が返ってくるよう祈った。『播磨国風土記』の讃容（さよ）の郡・中川（なかつがわ）の里には、その剣が奇妙な力を示しながら転々と人々の手にわたり、最後は天武帝に献上されたことが書かれている。そのあと天武帝は病となり、占いで剣の祟りが原因であると出たため、剣は686年に熱田神宮に返された。

　熱田神宮では、祈りの甲斐があって剣が返ってきた時の喜びを、酔笑人（えようど）神事（別称、オホホ祭り）と呼ばれる祭りで示している。それは5月4日の夜、暗闇の中で神官たちが集まり、村雲ノ剣に関連する境内の施設を回る。それぞれの場所では、各自が装束の袖に隠し持つ神面を扇で軽く叩いた後、笛の音色を合図に皆で大笑いする。神面は、ある高貴な家のことを象徴しているという。

　この神事は、初代大王家・尾張家と天武帝の家が別の家であり、万世一系がつくり話であることを如実に示している。

7．登美（とみ）の霊時（れいじ）のマツリゴト

第八章　ヤマト政権の成立

　アマベ王朝は出雲王国と友好的で、両者は連合王国のような関係を築いていた。『日本書紀』にはアマベ王家が、タタラ五十鈴姫と妹・五十鈴依姫、姪・淳名底姫と、３代続けて登美家から后を迎えたことが書かれている。これは室町時代の足利将軍家が、代々日野家から嫁を迎えたのと似ている。
　タタラ五十鈴姫が産んだ御子は、コトシロヌシの妃・沼名川姫の名前にちなみ、沼名川耳の名がつけられた。かれは、のちに２代大王となった。
　三輪山の西方は、磯城郡と呼ばれた。登美家は磯城地方を地盤としていたので、磯城家とも呼ばれた。当時は母系家族制であり、子供は母の実家の磯城家で育てられた。大王家が２代続けて磯城家から后を迎えたことで、２代大王の御子は磯城家の血が濃くなり、出雲王家の子孫としての意識が強かった。かれは３代大王となり、自ら磯城津彦と称し、磯城家を名のった。だから、３代目以後は磯城王朝と考えられた。その後の大王には、出雲人という意識や習慣を持つお方もいた。だから磯城王朝は、第二の出雲王朝ともみなされた。３代大王の后・淳名底姫の３番目の御子も、姫の実家・磯城家に住み、師木津彦と呼ばれた。
　宮中では、古代から八神の一柱としてコトシロヌシが祀られている。それは、天皇家の家系にコトシロヌシの血が入っていることを示している。

　磯城家は登美家と同族とみられていたが、３代大王以後は

大王家の方を磯城家と呼び、登美家と区別することにする。

登美家は、大王家と同様の勢力を持つ存在となっていた。三輪山の祭りは、登美家か磯城家の姫が司祭として、執り行った。その姫君が、ヒメミコ（姫御子）と呼ばれて人気が出た。春正月（春分）と秋正月（秋分）の祭りには、イズモ族の人々が遠方からも集まった。アマベ王朝と磯城王朝の大王は、そのヒメミコの祭祀能力と人気を力の源としていた。そのため、出雲王国と同じように、祭りに集まる人々の結びつきが重要視され、信仰を同じくする協力者に向けた政治が行われた。それで、祭りを中心とする政治が「マツリゴト」と呼ばれた。

大王は、登美家や高鴨家、尾張家に支えられて、少しずつ支配地を広げた。

笛吹に住んだ尾張家の一部は、村雲が磯城地方に移住した後、三輪山の北西麓・穴師に移住した。地名の穴師は、金属精錬者が住んだことに由来する。三輪山の南麓には金屋という地名もあり、この付近は金属精錬が盛んであったことを示している。

村雲は、穴師の地に射楯兵主神社（桜井市穴師、図31）を建て、そこに父君・五十猛を祀った。「イタテ」とは、五十猛（イソタケ）の発音を縮めて、「イタケ」から「イタテ」に変えたものである。五十は「イ」とも発音する。「猛」の字は、「建」の字に変える場合も多いので、建を「タテ」と

第八章　ヤマト政権の成立

図31　射楯兵主神社（奈良県三輪山麓）

読んだものと考えられる。

　兵主とは、シナのシャントン半島地方の古代信仰の神であった。シナ・戦国時代にシャントン半島にあった斉国では、八神を崇拝した。徐福（村雲の祖父・ホアカリ）は斉国出身であったので、八神信仰を和国に伝えた。八神については、『史記』「封禅書」に次のように書かれている。

　　八神の第一の神は天主である。（これは、ユダヤ信仰に基づく考えだという。）…兵主は、八神のうちの第三の神・蚩尤を祀る。蚩尤は、…斉国の西境にある。

このように蚩尤は、西方を守る武の神とされる。

　村雲は、神名備山・三輪山の西方を守る穴師の地に、兵主の神も祀った。この西方を守るという考え方は、父君・五十猛（カゴヤマ）の事績にも現れていると考えられる。

　徐福が石見国に渡来した後、ハタ族はおもに大田の東に住

んでいた。その西を守る位置に五十猛神社が建てられている。

また、ハタ族は漁民になった者が多かった。五十猛が丹後地方に移住した後は、宮津湾の漁民を守る西の位置に真名井神社を建てている。

射楯兵主(いたて)神社は、穴師の地から播磨国（姫路市）にも分遷された。ここでは、五十猛が射楯(いたて)大神の名で祀(まつ)られている。『播磨国風土記』の飾磨(しかま)の郡・因達(いだて)の里に、次のように書かれている。

> 因達というのは、…船の前方に祀(まつ)られた伊太代(いだて)の神がここに鎮座している。それで神の名によって、里の名とした。

播磨国の射楯兵主神社は、古くは八丈岩山（因達の神山）に祀(まつ)られたが、今は姫路城の東南に移されている。因達の里のとなりに、昔は穴師の里があった。風土記には、因達の神山に来たホアカリの話が書かれており、ハタ族がこの付近にも住んだものと考えられる。

「イタテ」の発音は、「イダテ」や「イタチ」にもなった。戦国大名の伊達(だて)氏は、因達(いだて)の神を奉じる家であったと言われ、もとは「イダテ氏」と呼ばれていた。伊達藩の支倉常長(はせくら)がローマ法王に書いた書状には、ローマ字で「イタチ藩」と書かれている。

「霊時(れいじ)（祭りの庭）」という言葉も、もとは八神の用語であった。アマベ家がその言葉を使っていたので、登美家も使う

第八章　ヤマト政権の成立

ようになった。『古語拾遺』には、「天富命(あめのとみのみこと)が、霊時を鳥見山（登美山）の中に立てた」と書かれている。鳥見山は三輪山の南方の丘であり、もとは登美家にちなんで登美山と書かれた。その頃は、丘の上に代表が集まり、三輪山を遥拝する祭りが行われた。その場所のことを、「登美の霊時」と呼んだ。

鳥見山の麓には、等弥(とみ)神社（桜井市）がある。出雲王家の分家・宗像家の一族も三輪山の南方に移住したので、そこには宗像神社（桜井市）も建てられている。その神社の境内には、昔通りの「登美山」の字が書かれた石標（図32）が建てられている。

三輪山の南方へは、カツラギの猿目から猿女(さるめ)氏も移住してきた。出雲系の神社の祭りには、余興がつきものであった。登美の霊時の祭りでは、猿女氏が神楽(かぐら)をおこなった。『古語拾遺』にも、「猿女(さるめ)君氏、神楽の事を供(つか)へまつる」と書かれている。

ところで

図32　富の霊時（登美山上）

『古語拾遺』は、斎部氏に伝わる伝承を書いた書物である。斎部氏はもとは忌部氏で、富家の分家であった。出雲の大庭の王宮の西方に、忌部の里がある。その地には忌部川が流れ、そのほとりに太玉命を祀る忌部神社が鎮座している。その地に、忌部家の太玉が住んでいた。忌部家は曲玉を作った家系であったので、太玉の名も曲玉にちなんだものになった。かれもクシヒカタに従ってヤマトに来た１人であった。『日本書紀』（神代上・第七段）に、「忌部首の遠祖・太玉命」と書かれている。忌部氏は、のちに宮中祭祀を担当し、首から連を経て、最後は宿祢に昇位した。平安時代に、名を斎部に改めた。

8．磯城王朝の成立

　ヤマトで磯城王朝が成立したころ、ヤマトは磯城王家と登美副王家が最大の勢力を持っていた。それは、ヤマトの豪族どうしの勢力争いの結果であった。
『古事記』に、次のような話が書かれている。

　　　　初代の大王（村雲）が没した後に、葛城に住むタギシミミが大王の后・伊須気依姫を娶ろうとした。姫は悩んで、歌を詠んだ。
　　　狭井川よ　雲立ちわたり　畝傍山
　　　木の葉さやぎぬ　風吹かんとす…
　　それを聞いた后の御子・神八井耳と沼河耳は、驚いて

タギシミミを討つ用意をした。

　沼河耳は兄・神八井耳に、「武器を使って、タギシミミを殺したまえ」と言った。兄は手足が震えて、殺すことができなかった。

　弟は兄の武器をもらい受け、部屋に押し入りタギシミミを殺した。…神八井耳は

　弟に対し、「わたしは、敵を殺すことができなかった。あなたは、敵を殺すことができた。…あなたが大王となって、天下を治めなさい。わたしはあなたを助けて、祭事をつかさどる者になって仕えましょう」と言った。

この話の兄・神八井耳とは、かれ自身とともに親戚の尾張家（アマベ家）勢力のことも象徴している。またタギシミミとは、ヤチホコの后・多岐津姫の名を受け継いだ多岐津彦のことで、神門臣家の勢力を象徴している。つまりこの話は、ヤマトにおいて２代・沼河耳（綏靖）大王が、神八井耳や尾張家、神門臣家の勢力に勝ったことを示している。

『古事記』には神八井耳について、「伊予国造や常道の仲国造らの祖先である」と書かれている。神八井耳の子孫は権力争いに敗れ、四国の伊予国に移住した。のちに伊予主の子孫は常陸国に移住し、仲国造・武借馬となった。武借馬の子孫は中臣氏になり、鹿島神宮（茨城県鹿嶋市）を建てて神八井耳を祀った。中臣氏から分かれて権力を握った藤原氏は、鹿島神宮の祭神・神八井耳を建御雷槌神に変えた。それは、大神神社の神主・太田家の人の名前を借用したものだった。

カツラギ地方の豪族であった尾張家の人々は、ヤマト地方で勢力を拡大することを断念し、伊勢湾地方に移住した。尾張家が治めたので、その土地はのちに尾張国と呼ばれるようになった。

　銅鐸祭祀をしていた尾張家は、尾張地方に移住する際に、セッツ国の銅鐸の工人を引き連れていった可能性がある。セッツ国の東奈良遺跡（大阪府茨木市）からは、銅鐸の鋳型や送風管などが見つかっており、銅鐸の製作工房があったと考えられている。

　この遺跡の近くの佐和良義神社には、金属精錬の神・カグツチノ神が祀られている。神社の解説板によると、「サワラ」は銅器、「ギ」は村を指す古語であるといい、付近には沢良宜の地名も残る。

　難波洋三氏の研究によると、東奈良遺跡でつくられた銅鐸の特徴は、東海派と呼ばれる銅鐸群に受け継がれており、出土する場所が時代をへるごとに近畿から東海地方に移っていくので、生産地も東海地方に移ったと考えられるという。東海派銅鐸の特徴は、さらに次の段階の三遠式銅鐸に引き継がれたものと考えられている。

　愛知県清須市の朝日遺跡からも、東海派銅鐸が見つかっている。また、この遺跡の場所の地名が「朝日」であることから、ヤマト地方と同様の太陽信仰が行われた可能性がある。

　朝日遺跡は、東西1.4キロメートル、南北0.8キロメートルに及ぶ範囲から多数の住居跡や墓が見つかっており、佐賀

県の吉野ヶ里遺跡にも匹敵する弥生時代の最大規模の集落である。この遺跡が使われたのは弥生時代前期から古墳時代初めまでの長期間にわたっており、時代や場所から考えて、尾張家に関連する集落跡であると考えられる。

一方、この時代のヤマトの唐古・鍵遺跡（奈良県磯城郡田原本町）は、多条環濠に囲まれた大規模な集落で、大型建物や、高床式建物、竪穴住居などが見つかっている。また各地から土器が集まるとともに、銅鐸鋳造の主要な工房があったことがわかっている。これらの遺構・遺物の多様性などから、畿内を代表する盟主的なクニの一つであったと考えられており、磯城王朝のヤマト政権に関連する集落であった可能性が考えられる。

この遺跡から出土した男性の人骨を復元したところ、身長が160センチメートル前後あり、当時としては長身であった。また顔の骨格は面長で、渡来系の特徴をもっていた。「唐古」という地名も残っていることから、この集落には徐福が連れてきた海童たちの子孫が住んでいた可能性が高いと考えられる。

ヤマト政権で実力があった大王は、3代目までだった。『三国志』「魏書」に、「その国（和国）は、もと男が王となって70・80年続いた。その後、国が乱れ互いに攻め合った」と書かれている。

『記紀』には、大王家だけが支配者のように書かれている。

しかし、実際には4代目以後には大王の勢力は衰えた。

そのあとに大王家は、ヤマト地方の3割のみを支配する豪族となった。

『旧事本紀』にヤマトの豪族3家の系図がある。その最初が登美家で、次が尾張家である。これは有力な順に書かれている。すなわち、登美家が準大王の家柄であり、次が尾張家であった。ヤマト全体の順位は、磯城家から、登美家・尾張家、高鴨家であった。それらの豪族が、せまいヤマト地方で覇権を争っていた、と伝えられる。

大王家の支配力は弱かったが、本書では便宜的に大王と呼ぶことにする。

5代大王・カエシネ（孝昭(こうしょう)）は、尾張家のヨソタラシ姫を后に迎え、オシヒトが生まれた。オシヒトは6代大王（孝安(こうあん)大王）となり、後漢との国交を開くためにみずから後漢を訪れ、107年に安帝に面会を求めた。

このとき、朝貢品としてふさわしい和国の特産品が無かったらしい。後漢の王家が奴隷（生口(いくち)）を貰うと喜ぶことを聞いたので、奴隷を献じることにした。当時は、和国にも奴隷制度があった。豪族は、子だくさんの貧乏人の家族から子供を買い、召使いとして使った。オシヒト大王は、瀬戸内海の生口(いくち)島（広島県尾道市）で160名の若者を買って、後漢に引き連れていったと伝わっている。そのできごとの影響で、今でも島の名前に「生口」の字が使われている。

オシヒト大王は、和人奴隷160人を安帝に献上し、謁見を

求めた。そしてヤマト国が後漢の属国になるので、自分が和国の大王であることを認めて欲しいと求めた。かれは、後漢王から綾織物などの土産物をもらって帰国し、豪族たちに配った。

　この大王の後漢訪問について、『後漢書』に「オシヒト」の名が、「師升」と書かれた。シナ人は和人の名前を短く書く習慣があったので、大王の名を聞いた役人がアクセントの強い「シヒ」の部分を、「師飛」と草書で記録した。それを史書に書き写した役人が、見誤って「師升」と書いてしまったものと考えられる。こういう誤りはよくあることであった。このような類推が、外国文献の翻訳では必要である。

　シナでは、高官などの役職のしるしは、役人から本人に直接渡す決まりがあった。そのため、シナの使節が和国に来るか、本人がシナに行く必要があった。それが、オシヒト大王がみずから後漢を訪問した理由であった。しかし『記紀』の編集者は、大王みずから後漢に行き、和国が後漢の属国になったことを恥と考えた。それで『記紀』では、オシヒト大王の後漢訪問の史実は隠されることになった。

第九章　ヒボコ勢の渡来とハリマ侵略

１．但馬の船上生活

　ニギハヤヒが筑紫地方で亡くなったあとに、別の渡来人集団が和国に現れた。かれらは、朝鮮半島から来たヒボコ（日矛）王子とその従者たちであった。かれらは徐福集団と比べると、それほど人数の多くない集団であった。『日本書紀』には、イクメ（垂仁）大王の時代（３世紀）に新羅の王子・ヒボコが渡来したと書かれているが、３世紀はヒボコの子孫の勢力が拡大した時代であった。実際にはヒボコの渡来はその数百年も前の出来事で、辰韓の時代（１世紀ころ）であった。

　出雲の旧家の伝承によると、ヒボコの船団は西から海岸沿いに日本海を進み、出雲の園(その)の長浜に着いたという。出雲王国の兵は直ちにかれらを見つけ、ヒボコと通訳を出雲王・大名持のもとに連れて行った。

　ヒボコは、和国への移住を求めた。大名持は、移住の条件として、出雲王国領の先住者の土地を奪わないこと、および出雲王国の八重書き（法律）を守ることを求めた。ところが、ヒボコは反抗的な性格で、その要求を拒否した。大名持は、ヒボコのあまりにも高慢な態度に対し不信感を抱き、かれらが石見や出雲、伯耆の地に上陸して居住することを禁じた。また、遠方の適当な居住地を世話することもやめた。

　ヒボコの船団は海岸沿いに東に進み、但馬(たじま)国の円山川を逆上った。その沿岸で上陸を試みたが、ここでもイズモ族に追

い払われた。やむなく、上流の大磯付近（豊岡市）で、船上生活を始めることにした。当時は、円山川の河口付近は、左岸の津居山と右岸の気比岡との間の川幅が極めて狭く、川底が浅かった。そのため、豊岡市付近は、広い沼地であった。ヒボコ勢はその沼地に船を並べて、1～2年程度水上生活を続けざるを得なかった。

２．ヒボコの干拓工事

　ヒボコは人々を指揮して津居山の端をけずり、瀬戸の岩石を取り除く大工事をおこなった。すると、広い沼の水が海に流れ出し、まず出石の辺りに島ができたという。それでヒボコは、その地に館を建てて住んだ。のちにその地に、出石神社（豊岡市出石町宮内）が建てられた。

　かれらが工事を続けた結果、肥沃な豊岡盆地の平野部ができたので、そこに家と田畑を作った。それで、ヒボコは豊岡盆地の大恩人となっている。出石神社では、ヒボコ集団の開削工事の話が、案内板に書かれている。神社で授与される絵馬にも、その工事の様子が描かれている。

　『播磨国風土記』の揖保の郡・粒丘には、ヒボコが住む場所を求めたことを示す、次のような文が書かれている。

　ヒボコが韓国から渡ってきて、揖保川の河口（宇頭）に着き、宿り地を大国主に求めた。大国主は、陸地を与えなかった。そのとき客神（渡来人）は、剣で海水をかき混ぜて（陸

を造り）住んだ。

『記紀』には、ヒボコが瀬戸内海を通ってきたという誤りの記事が書かれたので、風土記にはそれに合わせて異なる場所が書かれたものと考えられる。

豊岡盆地の大半は円山川河口からの高低差が少なく、河川の勾配がたいへん緩やかである。海の潮位が高くなると、河口部から海水が逆流する。また盆地の周囲から、複数の川が円山川に合流している。そのような地形であるため、近年でもしばしば円山川が氾濫し、洪水災害に見舞われている。

ヒボコが瀬戸の開削工事を成功させた後も、円山川の水害との戦いは続いたものと考えられる。ヒボコは、豊岡盆地の開拓に力を注ぎ、その地で亡くなった。ヒボコの遺体は、出石神社に葬られた。

3．豊岡の出石神社

ヒボコ直系の子孫・神床家（かんどこ）は、糸井 造（いといのみやっこ）姓から変わった家系である。『新撰姓氏録』に、糸井造はヒボコの子孫であると書かれている。神床家は、ヒボコの死後1,500年あまり、出石神社の神主を務めたが、今はそこの神職から離れているという。しかし神床家は、現在でもヒボコの子孫であることを誇りとしている。

神床家では、次のような話が言い伝えられているという。

・ヒボコは辰韓の王の長男であった。王は、次男を後継ぎ

にしようと考えた。成人後に後継ぎを決めると争いになると考え、長男・ヒボコ少年に家来を付けて、財宝を持たせて和国に送った。そのため、ヒボコは父王を恨んで、反抗的な性格になっていた。そのため和国に来たとき、出雲王の命令を素直に受けなかった。その結果、家来とともに苦労することになった。

・ヒボコは、和人と早く仲良くなるために、和人の女性を娶るよう、父王から指導を受けていた。その話が変わって、「和人の妻を追いかけて和国に来た」と、『古事記』に書かれた。

・ヒボコは豊岡盆地の開拓で忙しい日々を送り、そのまま豊岡盆地の出石で亡くなった。

・息子がヒボコを埋葬し、その前に出石神社を建てた。出石神社境内の禁足地（図33）が、ヒボコの埋葬地である。

・ヒボコには敵が多かったため、墓が壊されることを恐れ、禁足地が墓であることは秘密にされてきた。立派な石の墓も造られなかった。本家の子孫は、社を守ることだけに気を使った。社を拝むことは、墓を拝むことと同じであった。

ヒボコに関する神床家の伝承は、出雲の旧家の伝承と完全に一致する。タジマと出雲という離れた場所の家の伝承が一致するということは、その伝承が史実である可能性が高いことを示している。

その後ヒボコの子孫は豪族となり、先住民を追い払いながら勢力を増していった。

瀬戸の工事が行われた近くの気比の村にも、

図33　出石神社の禁足地

ヒボコ集団の子孫が住んでいた。かれらは、最初はアマベ王朝や磯城王朝に同調し、銅鐸の祭りをおこなった。

気比川を上流に逆上った所に、気比神社がある。気比と神社の中間あたりに大岩があり、そこから後世に4個の銅鐸が出土した。

これらの銅鐸の中には、同じ鋳型で作られたと考えられる「銅鐸」が存在した。2号銅鐸は、加茂岩倉5号銅鐸と同笵関係にあった。また4号銅鐸は、加茂岩倉21号銅鐸・伝大阪府陶器銅鐸・伝福井県井向銅鐸と同笵関係にあった。また3号銅鐸と同じ文様の鋳型が、東奈良遺跡（大阪府茨木市）から出土している。

出雲と丹波の勢力がヤマトに移住してヤマト政権が成立す

ると、出雲・ヤマト連立王国時代となった。その両王国のシンボルは、銅鐸であった。

　ヒボコ勢力は初めは銅鐸の祭りをおこない、連立王国に同調しているかに見えた。しかし次第に勢力を拡大すると、タジマ地方に独立王国をつくるようになった。その結果、出雲・ヤマト連立王国はタジマで分断され、出雲勢力は弱まりつつあった。

4．但馬(たじま)のアマベ国造

　ヤマトから尾張地方へ移住してきた尾張家の一部の人々は、さらにもとの領地・丹波へ移住することにした。

　火明命の三世孫は、大和宿祢（別名、海御蔭(あまみかげ)）であった。『海部氏勘注系図』によると、かれはヤマトで豊水富を娶ったと書かれており、名前に「ヤマト」が含まれていることからも、ヤマトに居住していたものと推定される。なお豊水富は、富家出身と伝わる女性である。

　一方、倭宿祢の息子・笠水彦(うけみず)と、その息子・笠津彦(うけつ)は、その名前に「ウケ」が含まれている。『丹後国風土記（残欠）』に、「加佐の郡は、もと笠の郡の字を用い、ウケノコオリ（宇気乃己保利）と読んだ」と書かれており、2人の名前の「笠」は、居住地が丹波であったことを示しているものと考えられる。以上のことから、ヤマトから丹波へ移住したのは、倭宿祢か笠水彦の時代であったと推定される。

舞鶴市字森の弥加宣神社では、大和宿祢（海御蔭）が祀られている。

また、『丹後国風土記（残欠）』の田造の郷・笠水には、次のように書かれている。

> 笠水（ウケミズと読む）
>
> またの名は、真名井。…かたわらに、二つの祠がある。東は伊加里姫（倭宿祢の母）あるいは豊水富（倭宿祢の妻）の神である。西は笠水の神すなわち笠水彦命と笠水姫命の二神で、これは海部直らの斎く祖神である。

舞鶴市公文名にある笠水神社では、笠水彦と笠水姫が祀られている。

『丹後国風土記（残欠）』の加佐の郡には、笠津彦の記事がある。

> 青葉山は一つの山で、東西に二つの峯がある。名のある神が宿っている。ともに、青葉の神という。…
>
> 西の峯に祀る神は、笠津彦神と笠津姫神の二柱である。
>
> この峯は、若狭の国と丹後の国の境にある。その笠津彦神と笠津姫神は、丹波国造・海部直らの先祖である。

アマベ氏は丹波に移住した後、勢力を拡大し、強力になった。その頃、ヒボコの子孫はタジマで勢力を拡大させていた。アマベ氏にとって、隣国のヒボコ勢は邪魔な存在になった。

そして、アマベ氏の勢力は、丹波方面からヒボコ勢を攻撃し、但馬北部を占領した。

『海部氏勘注系図』によると、笠津彦の息子は建田勢(たけたせ)である。かれは『旧事本紀』「天孫本紀」では、建田背という名で登場し、「神服(かむはとり)の連(むらじ)、海部の直、丹後の国造、但馬の国造たちの祖」と書かれている。つまり、但馬のヒボコ勢を攻撃したのは、建田勢であったものと推定される。

京都府久美浜町海士(あま)には、建田勢およびその子・武諸隅(たけもろずみ)を祀る矢田(まつ)神社がある。その付近には、神服連海部直(あまべのあたえ)の館跡と言われる六宮廻（ろくのまわり）という地名が残っていたという。そこは豊岡盆地とも距離が近いので、アマベ氏はそこで但馬を支配したのかもしれない。

また円山川河口付近には、アマベ氏がこの地を支配したことを示すように、アマベ氏ゆかりの海(かい)神社（豊岡市小島）や、西刀(せと)神社（豊岡市瀬戸）、絹巻(きぬまき)神社（豊岡市気比）がある。

アマベ氏の子孫は但馬を治めるようになり、のちに但馬国造を務めるようになった。

5．ハリマの伊和の神と岩神(いわがみ)信仰

古代日本人は、古くから祖先神をもっとも大切にして、その依り代の石を家の神棚に置いて祈った。それが家々の祖先神から、村の祖先神へと発展し、村人が共同で岩神(いわがみ)を祀(まつ)るよ

うになった。出雲王国が成立したあとは、岩神はサイノカミと呼ばれ、祀られるようになった。

『私製出雲風土記』の意宇郡・宍道郷に、出雲の岩神信仰について、次のように書かれた記事がある。

  天下を造られた大神（オオナモチ）が追いかけた猪（宍）の像（岩）が、南の山に二つ並んでいる。…その岩により、宍道の地名ができた。

この話により、宍道湖の地名も岩神の名前にちなんでいることがわかる。

その岩神は、現在は女夫岩（松江市宍道町白石、図34）と呼ばれているが、もとは二つの岩を合わせて女神岩として崇拝されていた。その岩神は足が２本伸びているような形の丘の、股に相当する位置に置かれている。股の上方には丸く

図34　女夫岩遺跡女神岩（宍道町白石）

高い丘があり、まるで妊婦の腹のようである。古代人は、信仰の熱意でわざわざその地形を選んで、何メートルもある大岩を運んで来たものと考えられる。女神岩の南には、岩に向いた矢の形の丘があった。矢は男神を表していた。今はその形がわからなくなり、「矢頭」という地名だけが残っている。

女神岩の東方には、この岩神を向いて遥拝するように左為神社(さい)(松江市宍道町白石)がある。「佐為」はサイノカミの「サイ」であり、今はサイノカミの神・リルタヒコを祀(まつ)っている。ここは出雲で、もっとも古くからサイノカミを祀(まつ)った重要な神社の一つであったが、今では忘れられたような存在となってしまっている。

のちにその社の神は、登美家によってヤマトの三輪山に移された。そして、山を拝む正面に大神神社をつくり、その入口に今は「夫婦岩」(めおと)と呼ばれる女神岩を祀(まつ)った。それは、出雲国宍道の女神岩と同じ形であった。その横には、祓戸社(はらいど)が鎮座している。その社のお祓いの威力は、隣の女神岩の呪力によると考えられる。

三輪山の登り口には、狭井神社(さい)(奈良県桜井市)が建てられた。狭井神社の近くを流れる川は、狭井川の名がつけられた。それで狭井の名が、「神の井戸」の意味に勘違いされた。その影響を受けて、富家は「井」の字がつく出雲井神社(大社町修理免)を建てて、佐為神社の神を祀(まつ)った。神門臣家は、三刀屋(雲南市)の地に幸神神社と出雲井神社を建てて、佐為神社の神を祀(まつ)った。

また『私製出雲風土記』の飯石の郡には、琴引山の記事がある。

　　この山の峯に、岩屋がある。裏に天下を造られた大神の御琴がある。また岩神がある。高さは二丈で、周りは四丈である。それで琴引山という。

　この岩神は一つの岩のように書かれているが、現在は二つに割れ、中央に石段が造られている。奈良時代に一つの塊であった大岩が、のちに真中が削られて、今の姿になったものと考えられる。そして、中央の階段を登った先には琴弾山神社の小神殿が鎮座し、大国主が祀(まつ)られている。

　宍道の女夫岩と同じく、この岩も女神岩である。古代は、母系社会で子宝に恵まれたいという念が強く、女神岩を崇拝したようである。

　出雲には古くから、このような岩神信仰があった。それが、出雲王と関連づけられて話がつくられるようになった。その結果、大国主（大名持）が伊和（岩）の神と呼ばれるようになった。

　ハリマの宍粟の郡に、伊和神社（宍粟市一宮町、図35）が鎮座し、大名持と少名彦が祀(まつ)られている。この神社は『延喜式神名帳(えんぎしきじんみょうちょう)』では、伊和坐大名持御魂神社(いわにいますおおなもちのみたま)という名で書かれている。神社では、「大名持は、播磨(はりま)国開拓の祖神である」と説明している。

　出雲・ヤマト連立王国時代には、ハリマの地は出雲王国の一部として重要な地域であった。そして、両国の政治と文化

第九章　ヒボコ勢の渡来とハリマ侵略

の中継地としての役割も持っていた。それで両国のシンボルである銅鐸が、伊和神社のすぐ西方・閏賀(うるか)の地から出土している。

図35　伊和神社（播磨国の一ノ宮）

　ハリマ地方は、古くから出雲文化の影響を多く受けていたので、出雲の岩神信仰もハリマ地方でさかんに行われた。それでハリマには、イワ（伊和）の地名がついた場所があった。
『播磨国風土記』の宍禾(しさわ)の郡・伊和の村に、次のような記事がある。

　　　伊和の村、もとの名は神酒(みわ)である。（伊和の）大神が
　　酒をこの村でつくった。それで神酒の村と言った。

　ヤマトの三輪明神が酒の神であるので、伊和の神も酒つくりの神と言われていた。
『播磨国風土記』の飾磨(しかま)の郡・伊和の里には次のように書かれている。

　　　伊和部という名は、宍禾(しさわ)の郡の伊和の君ら一族が来
　　て、ここに住んだ。それで、伊和部の名がついた。

この飾磨付近には、イズモ族の住んだ痕跡が見られる。手柄山（姫路市）の南側はもとは三和山とも呼ばれ、その山麓にある生矢(いくや)神社はもとは三輪明神だった。

『播磨国風土記(かむさき)』の神前の郡には、伊和大神の子供の話がある。

> 伊和大神の御子・建石敷命(たていわしき)が、山使の村の神前山におられた。神がいらっしゃるので、神前と名づけた。

神前郡福崎町の二之宮神社には、建石敷命が祀(まつ)られている。その背後の神前山には磐座があり、この地に岩神信仰があったことを示している。

このように、出雲の伊和の神（岩神）を尊ぶ人々が、ハリマの地に多く住んでいたことがわかる。

6．播磨国風土記とヒボコ

タジマ北部を奪われたヒボコ勢は、ハリマへ侵攻せざるを得なくなった。ヒボコの子孫率いる軍勢が、国境をこえてハリマに侵入した。

ハリマは、出雲王国の一部であった。たとえば、『播磨国風土記』揖保(いぼ)の郡には、大名持と少名彦の記事がある。

> 大汝命（大名持）と少名日子命（少名彦）が神前郡埴(かむさき)(はに)岡(おか)里の生野峰におられて、そこから見える稲積(いねづみ)山に稲種を送って、山に積んだ。それで、稲積(いねづみ)山といった。

第九章　ヒボコ勢の渡来とハリマ侵略

　ヒボコ集団は、円山川の沼地開拓で苦労した。その結果、出雲王に恨みを持ち続けていた。その恨みの気持ちが、ハリマ侵攻の原因の一つでもあった。

　このときの戦いの様子が、『播磨国風土記』には多く記録されている。以下、風土記の記録を見ていきたい。

　『播磨国風土記』の神前の郡には、戦闘が開始されたときのヒボコ勢の様子が、次のように書かれている。

　　八千軍（やちぐさ）というのは、ヒボコノ命の軍勢が八千人いた。
　　それで八千軍野と言う。

　八千という人数は、当時ではものすごい大軍である。この文には誇張があるかもしれないが、ヒボコ軍の数が多く、勢いが盛んであったことが記録されたものと考えられる。

　八千軍野は、中国自動車道の福崎インターのすぐ南のあたりにあり、今は地名が八千草（福崎町）に変わっている。そのさらに南方に粳岡（ぬかおか）という場所がある。『播磨国風土記』には、そこでの戦闘の様子も記録されている。

　　粳岡で、伊和の大神とヒボコノ命の二柱の神が、おの
　　おの軍をおこして、あい戦った。

　突然のヒボコ勢の侵攻に、イズモ軍は、後退を余儀なくされた。糠岡で勝利したヒボコ勢は、一旦舟で播磨灘に出たあと西に進み、揖保川の河口（宇頭）から川を逆上って進軍したようである。

　『播磨国風土記』の揖保の郡・粒丘（いいぼのおか）に次のような記事があ

る。

　客神の神（ヒボコ）の武勇の盛んなことを恐れて、主の神（オオナモチ）は先に領地を確保しようと巡り、粒丘に登りついて食事をされた。そのとき、口から飯粒がこぼれた。それで粒丘という。その丘の小石は皆、米粒によく似ていた。

現在粒丘の地には、中臣印達(なかとみいだて)神社が鎮座し、五十猛が祀(まつ)られている。「印達(いだて)」とは、「イソタケ」の発音を縮めて、「イタケ」から「イダテ」へ変化させた呼び方であった。五十猛（香語山）は、製鉄の神でもある。

その近くの佐比岡(さひおか)について、『播磨国風土記』に次のような記事がある。

　出雲の国人らが佐比(すき)（鋤）をつくって、この岡に祀(まつ)った。…その祀(まつ)った所が、佐比岡と名づけられた。

佐比岡は、現在は作用岡（揖保郡太子町）と呼ばれている。佐比は、鉄のサビにも通じる。これは、出雲人が古くから製鉄を行い、鋤(すき)を作ったことを示している。鋤は、豊作を祈るための神器として使われた。

特に当時の貴重品であった鉄器も、神器として神社に捧げる習慣があったことがわかる。ヒボコ勢は、この鉄資源を欲しがっていたものと考えられる。

7．大名持のハリマ防戦

　その後ヒボコ勢は、宍粟地方に侵攻した。その地方は、ハリマの中でも、もっとも鉄がよく採れる所であった。ヒボコ勢の侵攻の目的は、鉄資源であったらしい。

　伊和の北方に御方（宍粟市一宮町三方）という場所がある。そこの金内川流域も、鉄の産地であった。『播磨国風土記』の御方の里に、「金内川、鉄を出す所は金内と言う」と書かれている。

　『播磨国風土記』の穴禾の郡の川音村と高家の里に、ヒボコの記事がある。

　その近くの奪谷でも、イズモ軍とヒボコ勢の戦いがあった。風土記には、次のような記事がある。

　　　オオナモチノ命とヒボコノ命が、この谷を奪い合った。それで、奪谷という。その奪い合いの所為で、谷の形が曲がった葛のようになった。

　『播磨国風土記』の穴禾の郡の波加の村にも、争いがあったことが記録されている。

　　　国占めのために争ったとき、ヒボコノ命が先に来て、伊和の神はあとに着いた。

　すなわち、ヒボコ勢が先手を打って進軍し、防備を固めた。イズモ軍は後手に回り、領地を回復することができなかった。その結果、ハリマはヒボコ勢に占領されてしまった。

　『播磨国風土記』の穴禾郡の敷草の村（宍粟市千種町）に

は、次のように書かれている。

　　　草を敷いて、神の座とした。それで、敷草の地名ができた。この村に山がある。…鉄を出す。

　この地は穴粟地方でももっとも豊富な砂鉄の産地であった。高羅などの尾根付近で、古代から近代にかけて砂鉄を採るための鉄穴流しが行われたことが知られている。鉄穴流しの前は、野ダタラが行われていた。「鉄を出す」とは、野ダタラによる製鉄のことを示している。

　西河内の谷間からは吉野ヶ里土器の破片が出土し、同じ地層から野ダタラ跡が発見された。これは少なくとも吉野ヶ里時代以前にこの地方で製鉄が行われていたことを示している。

　この地方で造られた鉄は、後世に千種鋼と呼ばれた。そして、川を使って備前長船の地に運ばれ、そこの刀工たちにより最良の素材として使われた。

　『たたらの里　ちくさ』（千種町教育委員会）によると、西河内の山では、児屋根の末裔が製鉄事業をおこなったという。児屋根はヒボコの子孫であったことから、ヒボコ勢は千種付近も占領し、鉄資源を得た。

　児屋根は、「小さな屋根の家」という意味の名前が示すように、この地に住んだ当時は大きな勢力ではなかった。児屋根は藤原氏の先祖の１人であったので、のちに権威をつけるため「天」をつけて呼ばれた。しかし、はじめから勢力が大きかったと誤解を与えてしまうので、「天」は省いて呼ぶ方

第九章　ヒボコ勢の渡来とハリマ侵略

が望ましい。

　朝鮮半島では戦乱が多かったので、ヒボコの子孫の集団は、巧みな戦術の知識を受け継いでいた。それに対し、平和な和国に住んでいたイズモ軍は、実戦の経験がなかった。そのため、イズモ軍はヒボコ勢に圧倒され、退却を余儀なくされた。

　ヒボコ勢にハリマ領を奪われたことで、出雲王家は大きな反省を求められた。そこで、出雲王国の建て直しを考えるようになった。そこで、王国のシンボルを変えることにした。

　出雲王国とヤマト王国の中間にヒボコ勢の国ができたので、出雲とヤマトとの交流は分断された。出雲・ヤマト連立王国の時代には、両国のシンボルは同じ銅鐸であった。銅鐸を神器として使ったのは、出雲の方が古かった。しかし、のちには近畿産の銅鐸を、出雲産の鉄器と交換するようになった。

　出雲で採れる良質の砂鉄や鉄製品は、各地から求められたという。出雲は「鉄器の国」と言われていた。豪族たちがもっとも欲しがったのは、ウメガイという双刃の小刀であった。

　銅は鉄ほど固くないので、武器には不向きであった。それで、槍の先につけるウメガイが求められた。それは、木製品を作るための日用道具としても使われた。鉄器は貴重品であったので、豪族か特別に選ばれた人しか使えなかった。庶民

は、まだ石器を使っていた。そのため、当時は金石併用時代であったということができる。

ウメガイは貴重であるので、神器にもなった。神器として使うために、石製のウメガイも作られた。石製のものは、近畿地方で多く出土している。

東出雲王家・富家では、銅鐸の代わりに、ウメガイに似た銅剣を新しいシンボルとすることに決めた。銅鐸はサイノカミの女神の御神体であったのに対し、銅剣は男神の御神体とされた。

吉野ヶ里遺跡で出土する銅剣は、中細形銅剣B類と呼ばれている。富家では、これを真似て中細形銅剣C類を造ったと考えられる。それが、いわゆる出雲形銅剣と呼ばれるものである。

富家が出雲独特の形の銅剣をつくったのは、モノノベ王国やヤマト王国に対する対抗心の表れでもあった。

斐川町の神庭斎谷遺跡（荒神谷遺跡）からは、この出雲形銅剣が多数出土した。ここは、富家の遺跡であると伝承されていた。この遺跡からは、北九州で多く出土する銅矛も出土した。このことから、富家は北九州のモノノベ王国とも付き合いがあったものと考えられる。銅剣はその銅矛に似せたものであった。銅剣をシンボルにしたことは、出雲王国がモノノベ王国の父系社会の影響を受けた結果である、と言うこともできる。

出雲形銅剣は、モノノベ王国の技術者を出雲に連れてきた

第九章　ヒボコ勢の渡来とハリマ侵略

か、モノノベ王国から技術を教えて貰って、出雲でつくられたものと考えられる。おそらく多くの古い銅鐸を融かし、その素材の青銅を使って、多くの出雲形銅剣がつくられたであろう。

　また銅剣の鋳型は、出雲産の来待石(きまち)が使われたと考えられる。来待石は加工しやすく、岩の中の微小な隙間からガスが抜けて、銅器をうまくつくることができる。ただし、来待石は石州瓦の赤色の釉薬などに使われるので、銅剣の鋳型の使いふるしは、かけらも残さず再利用されたと考えられる。

　一方の西出雲王家・郷戸家では、銅鐸祭祀を続けることにした。神庭斎谷遺跡と同じ頃の加茂岩倉遺跡（島根県雲南市加茂町岩倉）は、郷戸家の遺跡であると伝承されていた。そこからは、銅鐸が多数発見されたが、銅剣や銅矛は出土しなかった。郷戸家は穏和な性格で、ヤマト王国との関係を続けたいと考えたようである。

　しかし、出雲王国の半分がヤマト王国とは別の銅器をシンボルとしたことで、両王国の連立の時代は終わりを告げた。

第十章　第一次モノノベ東征と名草戸畔(とべ)

1．モノノベ勢の九州出発と四国南岸

　そのころのモノノベ王国のシンボルは、大型化した銅矛（図36）であった。その出土範囲は、九州は筑紫全域から、壱岐、ツシマ、豊前、国東半島にまで及び、さらに四国の伊予や土佐西部まで広がっている。その広大な範囲が、モノノベ王国の勢力範囲であった。

　筑後平野では、ニギハヤヒから5、6代目にヒコナギサタケ王がいた。王の御子にイツセ（五瀬）がいた。かれは弟や一族の者たちと協議して、モノノベ王国のヤマトへの遷都の計画を立て、好機を伺っていた。そしてヤマトが内乱状態になったとの知らせを受け、いよいよ進発することを決め、進軍ルートについて作戦を練った。

　もしモノノベ勢の大船団が瀬戸内海を通るならば、当時そこは出雲・ヤマト連合王国の領海であったので、攻撃を受ける危険性が大きかった。そこで戦力を消耗させてしまうと、ヤマト方面で上陸戦を行う余力がなくなる、と考えられた。

　それに対し、四国の南方の海を通るのは自由であった。また、その方が速くヤマト方面に到達することができる、と考えられた。そし

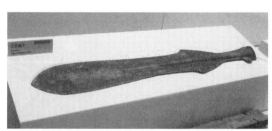

図36　大型銅矛（物部族のシンボル）

第十章　第一次モノノベ東征と名草戸畔

て、四国の南を通って紀伊に上陸するルートが選ばれ、まず南九州へ向けて出発することになった。

　イツセ軍は船団を組み、有明海を出航した。途中で、肥後国のクマ（球磨）川の河口に停泊した。その川の流域で、若い兵士をたくさん集めた。

　その兵士たちはクメ（久米）の子と呼ばれ、白兵戦が上手だったといわれる。かれらの武器は金石併用であったが、その戦い方の歌が『古事記』に記録されている。

　　みつみつし　久米の子らが　首稚(くぶつつ)い
　　石稚(つつ)い持ち　今撃(う)たば　宜(よろ)し
　　（勢い盛んな久米の子らが、柄頭(つかかしら)が槌の形の太刀や
　　石槌(づち)の大刀を持って、今撃つのが良いぞ）

　モノノベ勢は、そのあと串木野(くしきの)にも立ち寄ったらしい。照島(てるしま)（串木野市）に徐福が上陸したという伝説が残り、島陰に秦波止(しんぱと)という船溜りがある。近くの冠岳(かんむりだけ)や、少し離れた紫尾(しび)山にも徐福伝説が残っている。これは有名人仮託話で、モノノベ勢がこの付近に一時滞在したことを示している、と考えられる。

　モノノベ勢の船団はさらに進んで、サツマ（薩摩）半島の笠沙(かささ)の入江に停泊した。ここでは、サツマ隼人を兵士として集めた。この史実を反映して、『古事記』では「笠沙の岬を真(ま)き通って…」という文章が記されている。

　昔はシナはカラと呼ばれていた。モノノベ勢には秦の出身

211

者の子孫が多く、上陸した所には唐の字が当てられ、唐仁原（南さつま市加世田）の地名が残っている。また、船が群がった岬には、唐岬（南さつま市坊津町久志）の地名がついた。

　笠沙の南の坊津（ぼうのつ）にも、徐福が立ち寄ったという伝説が残されている。これもモノノベ勢を例えた話で、かれらの航海ルートを示していると考えられる。

　サツマ半島には、稲作はハタ族が伝えたとの伝承がある。ハタ族は山辺を鍬で打ち開き、田を作った。そこが「打ち山田」と呼ばれ、内山田（南さつま市）の地名ができたと伝わる。

　のちに、その地から伊勢に移住したハタ族が、サツマ半島のその地名にちなみ、ウジヤマダ（宇治山田）の地名をつけた、という話もある。

　またサツマ半島は、焼酎づくりが盛んである。その技術を身につけた村人は、現在でも冬には杜氏（とうじ）として、各県の酒工場へ出稼ぎでかせぎに出る習慣がある。

　鮫島吉廣著『焼酎 一酔千楽』によると、薩摩にはツブロ式と呼ばれる奇妙な形の蒸留器が普及しており、同じ蒸留器は福建省の徐家村にあるという。徐家村は、代々酒造りに長けたところとして知られ、村人全員が徐の姓を持ち、徐福の末裔だという。この蒸留器がいつサツマに伝来したかわからないが、徐福一族とサツマを結びつける話として、大変興味深い。

第十章　第一次モノノベ東征と名草戸畔(とべ)

　当時のサツマ隼人は、今の沖縄人に似ていて、陽気であった。月夜には、村の広場で歌い踊る習性があった。後世に近畿地方に住んだ時は、隼人は宮中警護の役をあたえられた。夜、たがいに連絡しあうときには、犬に似せて遠吠えを交わしたといわれる。また儀式の際は、そろいの演舞を見せた。

　いよいよイツセひきいる大船団が、東に進む日がきた。すべての軍勢が笠沙の湾に集結したあと、東へ向かった。佐多岬（鹿児島県）と足摺岬（高知県）を過ぎ、土佐国の南岸へ進んだ。
　高知県高岡郡窪川町の高岡神社には、モノノベ王国のシンボルの銅矛が5本残されており、今でもそれらを高く担いで村々を回る祭りがある。この祭りは、この付近にモノノベ勢の一部が住んだことを示しているのかもしれない。
　モノノベ勢の大船団は、土佐湾で一休みすることになった。大波を避けるため大船団は川を逆上り、川岸で数日を過ごした。その地には「物部(ものべ)」の地名がつき、川の名前も「物部川」（図37）となった。物部川の上流にも物部村(ものべ)という地名があり、ここにモノノベ勢の一部が移住した可能性がある。かれらは、兵士として強制的に連れて来られたが、戦いを好まず逃げ出した人々であった可能性がある。かれらはその土地に住むイズモ族と混血し、平和に暮らすようになったものと考えられる。
　モノノベ王国のシンボルは大型銅矛であったが、移住に際

図37　物部川（高知県物部村）

してシンボルを銅鏡に変えることが決定された。モノノベ勢の中には、その鏡を持ってそのまま土佐に住み着いた人々がいたらしく、香美や香我美の地名が残っている。

末久儀運著『物部氏の伝承と土佐物部氏』には、それらの地名の由来について、次のように書かれている。

　…「物部」という地名は、もとは「もののべ」であったといわれる。土佐に移住してきた物部氏がこの地で栄え、物部の地名が生まれ、そのそばを流れる川を「もののべ川」と名づけたものである。それがいつしか略されて、「ものべ」となり、「ものべ川」となったものである。郡の名である「香美」も、もとは香美と書いて「かがみ」とよんでいたのであるが、いつのまにかこれも略されて「かみ」となったのである。…

ところで「物部」の「部」とは、大王に仕える職業集団を

第十章　第一次モノノベ東征と名草戸畔

意味する言葉であり、モノノベ勢の軍事担当者が大王から「物部」の氏を与えられたのは、第二次東征のあとであった。それまでかれらは、兵を意味する「モノノフ」と呼ばれていたものと考えられ、第一次東征のころ土佐に住みついた場所の地名も、もとは「モノノフ村」や「モノノフ川」であったものと考えられる。やがて、第二次東征のあとに物部氏にちなんで、「モノノフ」の地名が「物部」に変わったものと考えられる。

また土佐は、モノノベ系の銅矛と出雲・ヤマト連合系の銅鐸の両方が出土する地である。たとえば物部川右岸の田村遺跡（高知県南国市）からも、銅矛と銅鐸の両方が出土した。

この地は、モノノベ系と出雲・ヤマト連合系の中間に位置しており、どちらの勢力とも友好的に付き合っていたものと考えられる。モノノベ勢がこの地に停泊して休んだのも、土地の人に攻められる心配が少なかったためであると考えられる。

2．イツセの名草敗戦と戦死

　モノノベ勢は土佐での休息を終え、ついに紀伊上陸作戦を実行にうつす日を迎えた。大船団は阿波国の東岸沖を北上し、淡路島の南岸沿いに紀ノ川河口へ向かった。紀ノ川を逆上り、南からヤマトへ入る作戦であった。

紀ノ川に到達した軍勢は、ひとまず河口の左岸（南岸）に上陸することになった。先に進んだイッセの集団が、まず上陸した。

すると紀ノ川の対岸に、おびただしい数のヤマト王国の軍勢が現れ、モノノベ勢を押し留めた。この軍を指揮していたのは、磯城大王家の王子・大彦であった。

大彦は、記紀では別の大王の王子とされている。しかし出雲の旧家の伝承では、第一次モノノベ東征はオシヒト大王の王子・フトニの時代であったと伝わっているので、大彦もオシヒト大王の王子であったものと考えられる。

大彦は、カツラギの笛吹村の東北・曽大根（大和高田市）で育ったことから、別名をナカソオネ（中曽大根）彦と言った。『日本書紀』には、かれの名が作為的にナガスネ彦（長髄彦）と書かれた。

実際には「大彦」とは、皇太子を意味する名前であった。かれは次の大王になると見られていたので、支持者が多く、王子の中でもっとも大きな勢力を持っていた。大彦はかれの支持者とともにモノノベ勢と対抗し、戦った。この動きに加わったのが、初代・村雲大王の出身家・尾張一族であった。

大彦命は、尾張家の血も引いていた。尾張家のヤマトの本拠地・火雷神社の案内板には、「社家・持田家の家譜によると、大彦命は、笛吹連を率いて侵入軍と戦った」と、書かれている。

イッセ軍は、紀の川での上陸をあきらめ、守るのに有利な

第十章　第一次モノノベ東征と名草戸畔

名草山に登ることにした。そのとき、名草村の戸畔(女村長)は村人をひきいて様子を見ていたが、モノノベ勢の数が多いので、まともに戦っては負けると考えた。それでゲリラ戦を仕掛け、敵の上層部を狙って毒矢を射かけた。その矢が、イッセの肘と脛に命中した。その矢にはトリカブトの毒が塗られており、イッセは相当痛がったうえで、その地で若くして亡くなった。その遺体は、近くの竈山(和歌山市和田、図38)に葬られた。そこに大きな塚がつくられたということは、モノノベ勢の数が多かったことを示している。モノノベ勢は、しばらくその地にとどまり、イッセの墓を敵から守った。

『旧事本紀』によると、名草戸畔(名草姫)は紀伊国造家出身で、のちに尾張家の建斗米に輿入れしたという。

図38　五瀬命陵(竈山神社)

当時は母系社会で女性の権力が強かったので、名草戸畔は村長として軍を指揮した。母系家族では、女戸主を刀自(とじ)と呼んだ。「刀」は「戸」が変化した字で、家を意味する。「自」は親父のジ（主）と同じ意味であった。
　「戸畔(とべ)」とは、有力な女戸主を意味した。出雲市斐川町には、宇夜都弁(うやつべ)（戸畔）命が隠る女神の山（今の名は仏経(ぶっきょう)山）がある。戸畔はトメとも呼ばれた。タケミナカタの妃は八坂刀売(とめ)という名であったし、長野県長野市には氷鉋斗(ひがなとめ)女神社があり、女神を祀(まつ)っている。

　イッセを埋葬したあと、イッセに代わって指揮官となった弟・ウマシマジは、上陸軍に船に戻ることを命じた。敵兵の来ない所に移動し、食料をたくわえ、勢力を強化する必要性を感じた。
　そこでモノノベ勢の大船団は、南の潮岬（和歌山県）をまわり、熊野浦付近に上陸した。
　ここまでの戦いについて、なかひらまい著『名草戸畔・古代紀国の女王伝説』によると、紀国の旧家・小野田家に口伝が伝わっており、要約すると次のような内容であったという。

　　・ナガスネヒコは、紀ノ川下流を守っていた。
　　・イッセノミコトは、…ナガスネヒコを攻撃したときに
　　　毒矢に当たって、紀国に来たときに亡くなった。
　　・侵略軍は、紀ノ川の河口・雄水門(おのみなと)から上陸し、名草軍

第十章　第一次モノノベ東征と名草戸畔

　と合戦になった。
　・侵略軍は名草軍に撃退されたから、仕方なく紀ノ川をのぼらずに、迂回して熊野に行った。
　上記の口伝は、出雲の旧家の伝承との共通点が多くあり、伝承が史実であったことを示している。

　イツセが葬られた地には、竈山神社（和歌山市和田）が建てられた。竈山神社のもとの社家は、モノノベ・イツセの子孫の家系で、モノノベ本家であったという。
　モノノベ氏は、のちにイツセの弟・ウマシマジの家がヤマトに侵入するが、その分家勢力の方が大きくなった。分家勢力は対抗心から、たびたび本家に対し攻撃をしかけたという。本家は長いこと竈山神社の社家であったが、あるとき分家の攻撃に嫌気がさし、妻の実家の橋本姓に改称して、ただの氏子になったように見せかけたという。現在では神社の管理は他の人に任せているが、今でも神社の土地と宝物の権利は橋本家が保有しているという。
　橋本家には、次のような伝承が残されているという。
　・イツセは負傷して竈山神社の地で亡くなり、神社の奥に葬られた。その息子たちが墓を守るためにその地に残った。残った人数が少なかったので、敵は攻撃してこなかった。
　・敵はタカクラジの子孫・珍彦であった。タカクラジは、丹波からカツラギに来た尾張家（アマベ家）の人間で、

母君・大屋姫とともに紀伊国に来た。
・タカクラジの子孫は紀伊の国造・紀伊家になり、日前神宮（ひのくま）（和歌山市秋月）を建てた。紀伊家とイツセ家は、近くに住む豪族どうしとして婚姻関係を結び、密接につきあうようになった。イツセ家は日前神宮（ひのくま）の横に国懸神宮（くにかかす）を建て、モノノベ氏の象徴・日矛鏡を御霊代にして、イツセノ命を祀（まつ）った。

3. ウマシマジの熊野上陸

　ウマシマジ軍が上陸した熊野地方には、モノノベ氏の祖先・徐福（ニギハヤヒ）が上陸したという伝承が数多く残っている。新宮市には後世に、徐福の記念碑が建てられている。阿須賀（あすか）神社（和歌山県新宮市）には徐福を祀（まつ）る祠があり、後ろの神体山は徐福渡来の伝説と結びつき、近世に蓬莱山と呼ばれている。

　これらは徐福の子孫が上陸した史実を、徐福が上陸したことに変えた、いわゆる有名人仮託話である。弘法大師の弟子が建てた寺を、弘法大師が建てたと言うのと同じような話である。

　モノノベ勢の中心の船団は、熊野川を逆上って、その沿岸に上陸することになった。しかし、ヤマト勢からの夜討ち朝攻めのゲリラ攻撃を受け続け、モノノベ勢は疲弊した。

　安全を確保するためには、熊野川の中洲が見晴らしも良

く、防ぎやすかった。そこで、モノノベ氏の親族集団と有力豪族は、中洲に住んだ。そこに社が建てられ、名草で亡くなったイツセが祀られた。

　後世に後白河院が撰述した『梁塵秘抄』の259番と260番は、熊野について次のように歌っている。

　　熊野の権現は　名草の浜にこそ　降り給へ
　　和歌の浦にしましませば　歳はゆけども　若王子
　　花の都を　振り捨てて　くれぐれ参る　朧けか
　　かつは権現　御覧ぜよ　青蓮の眼をあざやかに

「権現」とは、名草の地で若くして亡くなったイツセのことであり、若王子とも呼ばれる。「和歌の浦」とは、竈山を意味している。

　川の中洲に社を建てたのは、先祖・徐福を記念するという意味もあった。中洲の中の社は、道教信仰の「蓬莱島の聖地」を意味していた。同じような中洲に社を建てる信仰は、出雲の浮州神社と同じ意味のものであった。

　しかし、明治22年に熊野川が洪水となり、中洲の社は流されてしまった。そのため社は、中洲から山中に移された。それが現在の熊野本宮大社（田辺市本宮）である。中洲の旧神社跡地は大斎原と呼ばれ、社の基壇が残されている。本宮大社には、旧社殿の絵が描かれた由緒の説明板（図39）が建っている。

　後世に、モノノベ勢は熊野を中心にして、各地方にひろがって住んだ。紀伊国や、志摩国方面にも住んだ。その勢力が

図39　熊野本宮旧社殿（大斎原）

拡大したことが認められて、のちにモノノベ氏が熊野国造に任命された。

　熊野市波田須（はたす）は、もとは「秦住（はたす）」と書かれたが、嫌われたモノノベ勢がハタ族に見せかけたと考えられる。その地には、矢賀の蓬莱山と呼ばれる小山があり、徐福を祀（まつ）る祠と徐福の墓とよばれる供養碑がある。付近からは、秦代の通貨・半両銭が出土したという。

　伊勢市の松下社（まつしたやしろ）（二見町）には蘇民（そみん）祠があり、蘇民将来を祀（まつ）っている。「蘇」の字は、イスラエルの「ス」を意味する。シナの「江蘇省」や「蘇洲」などもユダヤ人に由来する。つまり蘇民とは、ユダヤ人の子孫であるモノノベ勢を示す。そのためモノノベ勢の人々は、この地にも住んだものと

第十章　第一次モノノベ東征と名草戸畔

考えられる。

『備後国風土記(逸文)』に、疫隈の社(広島県新市町の素盞嗚神社、旧江熊牛頭天王社)の話として、蘇民将来の記事がある。以下に、記事を要約する。

> 武塔の神が夜に宿を乞うたとき、富豪の弟・巨旦将来は拒んだ。それに対し、貧乏人の兄・蘇民将来は宿を貸した。数年後に、その神が八柱の子神を率いてやってきて、蘇民将来におっしゃった。「蘇民将来の恩に報いたい。お前の子の腰の上に茅の輪をつけさせよ」と。神のお言葉通りに娘に茅の輪をつけさせたところ、その晩に蘇民将来の娘1人を残して、ことごとく他の人々を殺し滅ぼした。神はおっしゃった。「私は速須佐雄(速スサノオ)の神である。のちの世に疫病が発生したら、お前は『蘇民将来の子孫である』と宣言して、茅の輪を腰につければ、災いをまぬがれるであろう」と。

「将来」とは「～から来た人」の意味であり、蘇民将来とはユダヤ人の子孫のことだと言われる。また「コタン」とはアイヌ人の村の呼び方であるが、ここでは先住民の村という意味であろう。つまりコタン将来とは、ユダヤ族以外の先住民のことを示している

「武塔の神」とは「武闘の神」のことで、「闘いに強い神」を意味する。その神の別名「速スサノオ」とは、前述した通り徐福を示す。「速」は、徐福の和名・ニギハヤヒの「ハヤ」を意味している。九州に渡来した徐福(ニギハヤヒ)集団の

223

子孫は強い武力を持っており、そのためその一族は「モノノフ」と呼ばれ、のちには「モノノベ氏」と呼ばれるようになった。つまり、この文の蘇民将来とは、ハタ族の中でも特に強かったモノノベ氏の集団のことを示している。モノノベ勢は、第二次モノノベ東征の際に備後国（広島県）に攻め込んだので、そこに蘇民将来の話が伝わったものと考えられる。

　この話は、ユダヤの過越し祭の話に似ている。ユダヤ人は毎年、過ぎ越し祭を行う。それは、『旧約聖書』の「出エジプト記」に由来する。かれらがエジプトで奴隷になっていたとき、かれらの家の戸に羊の血で印をつけていたら、ヤハウェの神の災いが「過越し」たと言う。この出来事を記念する行事が、過越し祭であった。この行事には、ユダヤ人の選民思想が表れている。ユダヤ人は少数民族であったので、大国に滅ばされることを恐れた。それで、ユダヤ人の数を増やし、自分たちの国を大国に育てたいと考えた。そのため、独自の宗教を創ってほかの民族との混血を防ぎ、自分たちの民族が永久に存続するようにした。印をつける行為には、ほかの民族と区別するという隠れた目的があった。かれらは、自分たちの子孫を大切にするという考えが強かったので、蘇民将来の話をつくった。

　かれらはイスラエル国外では、素性を隠す習慣がある。かれらの考えを理解するためには、その隠し表現を見抜く必要がある。

　後世に日本に渡来した秦氏も、ユダヤ系であると言われ

る。秦氏が穀物神・宇賀魂を祀った稲荷神社は、社殿や鳥居が赤く塗られるが、これは過越し祭に塗る羊の血の色にちなむと言われる。京都の八坂神社（京都市東山区）の社殿が赤く塗られているのも、同じ意味だと言う。

　武塔の神は、新羅の神・牛頭天王と同じ神だと言われる。八坂神社は、昔は祇園社と呼ばれ、牛頭天王を祀っていた。その後、スサノオノ尊が牛頭天王と習合し、現在神社ではスサノオノ尊が祀られている。境内摂社・疫神社では蘇民将来が祀られており、祇園祭の最後の日には茅の輪くぐりの神事が行われ、参拝者の無病息災が祈られる。

　また、かつて捕鯨のさかんであった和歌山県新宮市付近では、捕鯨技術は徐福集団がもってきた、と伝えられている。

　徐福集団が、熊野で捕鯨を伝えたことを示す伝説が、高知県高岡郡佐川町に残されている。『佐川町史』の「鉾ヶ峯縁起」を要約すると、次のような内容である。

　　秦の始皇帝は、扶桑の国の蓬莱山にある仙薬を求めて、徐福を出帆させた。使者一行の大船は、肥前国（佐賀県）の有明湾に無事到着、寺井津に上陸した。… 一行はふたたび錨をあげて出帆東に向かったが、土佐沖で大暴風雨となり、難船して散々となった。…徐福一行は紀伊国熊野浦に漂着、ここを永住の地として、地元民に捕鯨の技を教え、帰化人としてここに終ったという。…土佐須崎浦に漂着した別の一行は、蓬莱山（虚空蔵

山）に登り、故国をしのんで、腰の鉾を高くかざして望郷の涙を流した。そのほとりを「鉾ヶ峯」と後世の人は呼んだ。

　和国のサイノカミが宿る聖木のことを、古代シナでは「扶桑」と呼んだ。だから、この文の扶桑の国とは和国を示す。

　この話の中で九州を出帆した徐福とは、かれの子孫のモノノベ勢を例えていると考えられる。それは、かれらがモノノベ勢の象徴の銅矛（鉾）を持っていることからわかる。第一次モノノベ東征の頃までかれらの象徴は銅矛（鉾）であったので、その時代の話であると考えられる。つまりこの話は、第一次モノノベ東征の軍勢が、九州を出発したあと、四国の南を通って熊野に到ったことも示している。

　熊野のモノノベ勢の上陸地付近には、のちに熊野速玉神社（和歌山県新宮市）が建てられた。この社では速玉大神が祀られたが、この神名はニギハヤヒ（饒速日）の変名で、祭神の名に「速」の字が使われている。もう一柱の祭神・夫須美大神とは「伏す身大神」のことで、サイノカミの女神、すなわち子宝の神であった。

　熊野では、先住のイズモ族がサイノカミ信仰を持っていた。花の窟（熊野市有馬町）には、サイノカミの女神を祀っていた。その社では２月と１０月の祭りの日に、御綱掛け神事がおこなわれる。高さ約４５メートルの巨大な１枚岩の磐

座の頂上から、境内の柱へ約17センチメートルの大綱がかけられ、その途中に×印の縄模様をつけて飾られる。×印はサイノカミの「生命創造」の尊いマークであった。

　神倉神社（新宮市、図40）でも、サイノカミの岩神信仰がおこなわれていた。倉は古代には子宮を意味したので、この社では女神を祀っていた。社殿の横の磐座は、出雲から移住してきたイズモ族が「ゴトビキ岩」と名づけた。これは、出雲・飯石郡の「琴引岩」と同じ名前であった。ゴトビキ岩の下からは、イズモ族が祭りに使った銅鐸も見つかっている。

　この社では、2月6日の夜に御燈祭りがおこなわれる。参加する男たちは「上り子」と呼ばれ、1週間前から精進潔斎する。潔斎の期間中は、口にするものは白飯や豆腐など白い

図40　神倉神社とゴトビキ岩（和歌山県新宮市）

物に限られる。白は古代から男の種水の色であった。その伝統があったので、現代の紅白歌合戦の白も男の色である。そして祭りの当日、上り子たちは全員、白衣を着て参拝する。腰には、男性の象徴の縄を巻く。この祭りは、女性の参拝は禁じられている。

　社の前では、男神の象徴の大松明(たいまつ)に火がつけられ、石段の途中まで下る。上り子たちは、争うようにしてその火を自分の松明に移し、山上に向かう。全員が山上の境内に入ると、いったん木柵が閉じられ、あたりに炎と煙が立ち込める。

　そして、ふたたび木柵が開かれると、上り子たちは一斉に飛び出し、数百段もある急な石段を駆け下りる。それは正に、古代イズモ族が重要視した女神と男神の合体を祝う祭りであった。

　熊野近辺には、現在でもサイノカミの社が多く残っている。これは、モノノベ勢が熊野に上陸したあとも、対立するイズモ族が勢力を維持し続けたことを示している。

4. 太田家・ヤタガラスの道案内

　大彦は紀ノ川でモノノベ勢をうまく追い払ったが、モノノベ勢の大船団を見て、次に戦ったらとても敵(かな)わないと感じた。大彦の祖先のアマベ氏も渡来系であり、ヤマト勢も船の技術を持っていたが、多くの技術者を連れてきたモノノベ氏とは船をつくる技術力に大きな差があったものと考えられ

る。

　大彦は、出雲王家・富家の親戚であることを誇りとし、トミ彦を名乗ったこともあった。大彦は、『日本書紀』ではナガスネ彦（中曽大根彦の変名）と書かれ、『古事記』では富美ビコ、または富美ナガスネヒコという名で書かれている。

　この頃、大彦は東出雲王家・富家のところに来て、出雲王国軍も大彦勢に加勢して欲しいと願い出た。そのとき、「自分は、富家の親戚である。その自分を守って欲しい」と訴えたという。

　しかし、出雲王国軍は但馬のヒボコ勢に敗れ、ハリマを占領されたばかりであった。そして、九州からさらにモノノベ勢が攻めてくる、との噂があった。富家は、とても軍勢を分散させる余裕はない、とことわった。

　そして、ヤマトから逃げ去る大彦がトミ姓を使うのは、出雲王・富家にとって体面上よろしくないと考え、以後はトミ姓を名乗らぬよう求めた。出雲でも本家以外ではトミ姓を使うことを禁じている、とつけ加えた。その代わりに、日本海方面の同盟国の豪族を頼るようにと、富家は紹介状を大彦に渡した。大彦は、以後トミ姓を名乗らないと約束したという。大彦は、のちにアベ姓を名のることになる。

　大彦は近畿地方に帰国するときに、伯耆国にある波波技神社（倉吉市福庭）に立ち寄った。そこでは神木にワラヘビを巻きつけるアラハバキ信仰の祭りがおこなわれていた。かれはその祭りが気に入り、自分の王国でも広めようと考えた。

「大彦」とは皇太子を意味する呼び名であったが、母の后は早く亡くなったらしく、皇太子の座は別の妃の子に奪われつつあった。大彦はヤマトでの権力回復は難しいと考え、イガ（伊賀）国に新しい王国をつくろうと考え、ヤマトを去った。

　大彦勢がヤマトを去ったあと、ヤマトを統一できそうな勢力はいなくなった。ヤマトの登美家も、大彦を助けるだけの武力は持たなかった。

　そのころ登美家の分家に、太田タネヒコという人がいた。かれの名は、記紀では「オオタタネコ」とされているが、出雲の旧家の伝承によれば、「太田タネヒコ」が真の名前であるという。かれは、和泉国の陶村のあたりに住んでいた。そこには、かれが創建したと伝わる陶荒田神社（大阪府堺市、図41）が鎮座する。今でもその社の杜は「太田の杜」と呼ばれているという。

　太田タネヒコは大彦勢がヤマトを去ったのを知って、次にヤマトを統一できるのは、熊野のモノノベ勢以外にないと見抜いていた。かれには、親戚の磯城

図41　陶荒田神社（堺市）

第十章　第一次モノノベ東征と名草戸畔(とべ)

　王家や本家の登美家に対する対抗心がめばえていた。そこでかれは、熊野勢をヤマト地方に導き入れ、ヤマトから磯城王家や登美家を追い出して、自分が大王になろうと考えた。このようなことは、歴史上よく起こる出来事であった。権力争いにおいては、親戚や兄弟が最も危険な敵となることが多かった。

　太田タネヒコはまず密使をおくり連絡したあと、家来を連れて熊野に向かった。

　モノノベ勢は兵力の不足を悟り、熊野川中流の中洲の本拠地には、兵士たちが集められていた。その兵士たちは、九州から連れてこられ、熊野南岸各地に住み着いた若者たちであった。

　モノノベ勢は太田タネヒコの申し出を受け入れ、かれの案内で熊野川支流の北山川に沿って北進することにした。

　途中からは、１人ずつしか通れない狭い道になった。進むのは難儀であったが、戦いを避けながら目立たずにヤマトに向かうには、この道が最良であった。大峰山脈の東を抜け、井光の近くの吉野川上流を通った。

　太田タネヒコは、登美家の分家出身であったので、登美姓を名のった。そして、モノノベ勢の指揮官の前に立って道案内した。モノノベ勢は、登美家の名前から鳥のトビ（鳶）を想像したらしい。また登美家は太陽信仰を持っていたので、そのトビは太陽と同じく黄金色に輝いていると考えたらしい。モノノベ勢はその案内のことを、「黄金色のトビ（鳶）

の道案内」と呼んだ。それが、後世の金鵄(きんし)勲章の由来となった。

　または、「ヤタガラス（八咫烏）の道案内」とも呼ばれた。ヤタガラス信仰は、もともとシナに由来する。シナの神話では、扶桑(ふそう)の木の梢(こずえ)に鳥がいて、それは太陽のシンボルだとされる。それは、月の中にいるカエルと相対するものと考えられた。

　シナの神話の本『山海経』に、太陽に住む３本足の黒カラスの話が書かれている。

　　あるとき、空に数多くの太陽が昇ってしまった。人々は、暑すぎて苦しんだ。そのときゲイという弓の名人が、白羽の矢で多くの太陽の中のカラスを射当てた。その結果、太陽は一つを残して他の全ては地平線の下に沈み、人々は助かった、と。

　シナからの渡来人であったモノノベ氏は、太陽の中にカラスが住んでいると考えていた。

　太田タネヒコがその太陽信仰を持っていたことも、かれがヤタガラスと呼ばれた理由の一つであった。モノノベ勢の人々は太陽の象徴・ヤタガラスを太田タネヒコに例えて、拝み始めたという。

　熊野の人々は、このときの登美家の功績を記念して、熊野の新宮市に八咫烏神社（図42）を建てた。

　ヤタガラスは３本足を持つ鳥として描かれ、熊野大社では眷属神として尊ばれた。その神社の宝印神符にも、カラスの

第十章　第一次モノノベ東征と名草戸畔(とべ)

図42　八咫烏神社(速玉神社境内)

絵が描かれている。

　モノノベ勢は、国栖(くず)(奈良県吉野町)からは高見川に沿って上流へ進んだ。そして宇賀志を過ぎ宇陀に達すると、全軍の到着を待った。モノノベ勢の当座の食料は、太田タネヒコが用意していた。

　モノノベ勢のヤマト入りについては、『古事記』に次のように書かれた。

　　(東征軍が)熊野村に着いた時に、高木の大神(ニギハヤヒの母)が教えて言われた。「御子は、ここから奥に入ってはいけません。ヤタガラスを遣わすから、その後を行きなさい」

　教えのままに行くと、吉野川の川上に着いた。…

この文は、モノノベ勢が熊野川本流を逆上らず、ヤタガラスの案内がないとわからないような道を通ったことを示している。
　そして、『古事記』は最後に書く。
　　　　ニギハヤヒ（モノノベ氏の祖）の御子・ウマシマジが、荒ぶる神を和らげ、従わぬ者たちを除いた。
　すなわち東征軍の指揮者は、ウマシマジであることを示している。かれがニギハヤヒの子と書かれているのは、ニギハヤヒの子孫であることを示している。また東征軍は戦いで敵を退けたように書かれているが、実際にはモノノベ勢が熊野を出発してからヤマトに着くまで、戦いらしいものは無かったという。
　『日本書紀』では、熊野の中洲から険しい山道を通ったと書いている。そして、通り道の地名（井光や国栖）を、豪族の名前にしている。
　また村の名前・宇賀志を、兄ウカシと弟ウカシの豪族の名前とし、兄ウカシが賊となり攻撃しようとした話になっている。またヤソタケルが、墨坂（宇陀市榛原区萩原）に、熾し炭を置いて妨害したという話もある。これは、墨坂という地名から、想像して作られた話であるらしい。
　そこを通り抜けて最後に、ウマシマジはヤマトに入った。そして、太田タネヒコが案内した磐余（桜井市南部）付近の地に落ち着いた。
　かれらは、ヤマトに他の勢力が残っているのを知り、少し

第十章　第一次モノノベ東征と名草戸畔

でも安全な地を得るため、三輪山の西南の鳥見山（桜井市）に登った。そこはもとは登美山と書かれ、古代には三輪山の太陽神の遥拝地であった。その山頂は、登美の霊時（祭りの庭）と呼ばれ、登美家や磯城王家が三輪山を西南方向から遥拝する聖地であった。モノノベ勢は、登美の霊時を占領したが、安全を得るためであって、案内してくれた太田タネヒコへの恩を忘れた訳ではなかった。

　磯城王家の軍勢の多くは、大彦とともに移住してヤマトに不在となり、残った王族も分離していて、兵力は弱体化していた。おびただしい数のモノノベ勢が磐余に集結したことを知って、ヤマトに勢力を持つ各集団は、恐れをなして逃げ始めた。磯城王家の大彦の腹違いの弟・フトニは、大彦がヤマトを去ったあと、大王（孝霊大王）に就任していたが、モノノベ勢の武力に圧倒され、ハリマ・キビ方面への移住を決断した。

　登美本家の人々も北方へ逃げた。登美家の一部は生駒山地で防備を固めたので、その地には登美ヶ丘（奈良県奈良市）の地名が残っている。当主の建津乃身は、山城国の南部の木津川周辺に移住し、そこを本拠地とした。南山城国には他にあまり豪族はいなかったらしく、かれは南山城国の国造になった。登美家は賀茂家とも呼ばれたので、その地は加茂の地名がついた。

　モノノベ勢は、ヤマトを離れた賀茂家に対してはあまり攻撃を加えなかったらしく、賀茂家はヤマトのすぐ北方の南山

城国を本拠地とすることができたようである。そこには、賀茂建津乃身（建角身）を祀る岡田鴨神社（京都府木津川市加茂町）が鎮座する。

『山城国風土記（逸文）』には、「賀茂建角身（建津乃身）命はヤマト国から山城国の岡田賀茂を経て、京都洛北の賀茂川の上流に鎮まった」と書かれている。かれの子孫は後世に、京都のカモ川のほとりに移住し、その地にカモ神社を建てた。

出雲の旧家の伝承によると、賀茂建津乃身は椿井大塚山古墳（京都府木津川市）に葬られたという。かれは、武内宿祢から最も多く三角縁神獣鏡を贈られたと伝えられている。

帰化したシナ国の工人に武内宿祢が三角縁神獣鏡をつくらせたのは第二次モノノベ東征の時代であり（勝友彦著『魏志和国王の都』参照）、第一次モノノベ東征の時代から100年近く離れているので、実際に青銅鏡を受け取ったのは賀茂建津乃身の子孫であった可能性がある。賀茂建津乃身の墓をつくり青銅鏡を副葬したのは、その子孫であったのかもしれない。

椿井大塚山古墳は、全長約180メートルの方突円墳で、木津川を見下ろす右岸に位置している。その円部の鉄道敷設工事の際に竪穴式石室があらわれ、そこから三角縁神獣鏡30数面を含む40面近い青銅鏡が出土した。それらの鏡のほとんどは、畿内を中心とした各地の主要な古墳から出土したものと同笵関係（同じ鋳型でつくられた兄弟関係）を持ち、三

第十章　第一次モノノベ東征と名草戸畔

角縁神獣鏡が畿内を中心に配布されたことが明らかとなった。またその石室からは、武器や武具、農工漁労具などの副葬品も出土した。石室の天井石の上面と壁面高さ1メートルまでの高さには朱が塗られ、粘土床には10キログラムを超える水銀朱があった。これらのことから、この古墳の被葬者は、ヤマト政権を支える重要な位置にいた有力者であったと考えられている。

第十一章　大彦のクナト国

1．大岩山の大銅鐸

　モノノベ勢がヤマトに侵入したあと、モノノベ勢は銅鏡の祭りをおこなうようになった。それで、ヤマト地方では銅鐸を地下に隠し、銅鐸祭祀を中止する村が多くなった。三輪山の西南の大福遺跡（奈良県桜井市）から出土した銅鐸は、このときに埋められたものと考えられる。

　大彦はこの動きを無念に思い、銅鐸祭祀を復活させたいと考えた。大彦は、鏡を1枚も持たなかった。それは、モノノベ勢が崇拝する道教の神獣が、鏡に描かれることが多かったためであった。

　大彦と息子・ヌナカワワケの軍勢は、イガ（伊賀）国で新たな王国をつくり、そこを本拠地として木津川流域を支配したらしい。そこは、水上交通を使ってヤマトや河内（大阪）、山城（京都）、近江へも至ることができ、至便の地域であった。

　そこでかれらはアベ氏を名のり、敢国（あえくに）神社（伊賀市一之宮、図43）を建てて、少名彦（コトシロヌシ）と大彦を祭った。

　またかれらは、新

図43　敢国神社（三重県伊賀市）

第十一章　大彦のクナト国

王国で銅鐸の祭りを続けた。イガの地からは銅鐸が見つかっており、銅鐸の古名のサナギが変化した「佐那具(さなぐ)」という地名も残っている。その一族の大伊賀彦はイガに住みつき、銅鐸の祭りを続けた。大伊賀彦の子孫は、のちに伊賀臣を名のった。

その後かれらの勢力の一部は、伊賀忍者になったと言われる。敢国神社には、伊賀忍者の祖・甲賀三郎の祠（摂社・六所社）がある。

大彦の銅鐸祭祀を復活させようとする動きがもとになり、大彦勢とモノノベ勢との間で、激しい宗教戦争が起こった。大彦勢とモノノベ勢との争いは、大乱に発展した。やがて、モノノベ勢がやや優勢となった。

その後、イガ国もモノノベ勢に攻められたので、大彦は息子と別れ、淀川右岸のセッツ（摂津）国三島郡高生郷（高槻市）へ移住した。三島は、コトシロヌシの妃・活玉依姫の出身地であり、彼女が里帰りしたあとは登美家の領地になっていた。

大彦の支配した木津川は、三島郡（高槻市）付近で宇治川や鴨川と合流し、淀川となっていた。そのため、三島の地は水運の重要拠点となり、人や物資が集まった。

三島の地に大彦たちアベ族が住むようになったので、そこから見える神名備山(かむなび)は、アベ姓にちなんで「阿武山(あぶ)」と名づけられた。

やがて、モノノベ勢の追及の手は、三島の地にも及んだ。

大彦は琵琶湖東南岸に移住し、そこで銅鐸祭祀を広めた。野洲の三上山の近くにある大岩山（野洲市小篠原）からは、大型の銅鐸（図44）が数多く出土している。

その銅鐸の型式は突線鈕式と呼ばれ、大型化するために土の鋳型を使ってつくられたと考えられている。また大型化に伴い、つり下げて鳴らすことは難しくなったため、それまでの「聞く銅鐸」に対し、「見る銅鐸」と呼ばれ区別されている。

図44　大型銅鐸

突線鈕式銅鐸には近畿式と三遠式と呼ばれる型式があり、近畿式は近江地方でつくられ、三遠式は東海地方でつくられたものと考えられている。出雲の旧家の伝承に基づけば近畿式は大彦勢がつくり、三遠式は息子・ヌナカワワケ勢がつくったものと考えられる。

近畿式には、鈕の部分に双頭渦文の飾り耳がついていることが多い。渦の文様は、前述したようにサイノカミ信仰によるものであった。

大彦は野洲近辺に王国をつくり、友好国に近畿式銅鐸を配った。近畿式銅鐸は、旧領地のイガ国からも見つかっている。大彦は、東海地方に進出したヌナカワワケ勢とも連絡を取り合い、お互いの銅鐸を交換した。

第十一章　大彦のクナト国

　大彦勢は、和国大乱の時代の数十年間、この野洲の地で王国を維持し、モノノベ勢に対抗した。大彦は磯城王家の神を敬ったので、その近辺にはのちに兵主神社（野洲市五条）が建てられた。

　野洲川近辺からは、弥生時代の遺跡が多く見つかっている。その中の伊勢遺跡（守山市、図45）は、和国大乱の時代に栄え、2世紀末〜3世紀初頭に衰退したと考えられている。つまり、この遺跡が使われた時代は、大岩山に銅鐸が埋められた時代と重なっている。

　またこの集落は、東西方向に延びる微高地上にあり、その北側と南側には、幅20メートル以上の河川が流れていた。さらに、微高地の東側は幅6〜7メートル、深さ2メートル

図45　伊勢遺跡（滋賀県守山市）

もの大溝で区切られ、自然地形を巧みに利用した、防御性にも優れた集落であったことが窺えるという。
　集落中央には、整然と並ぶ大型の掘立柱建物を含む建物群を、二重の柵で囲んだ方形の中心区画があり、王が「政治」を執った場と考えられている。その周辺には楼閣風の建物や、王の住まいともみられる一辺12メートルもの巨大な竪穴建物が発見されている。さらにこれらを囲むように、およそ30棟もの祭殿群が、直径220メートルの円形状に等間隔に並んでいたものと考えられている。このような特殊な配置を持つ集落は、他では見つかっていない。また、この遺跡からは日常用品の遺物はほとんど見つかっておらず、祭祀空間のような特殊な場所であったと考えられている。伊勢遺跡からは、神名備山・三上山を望むこともできるので、祭祀空間にふさわしい場所である。
　また伊勢遺跡の南西には、下鈎（しもまがり）遺跡（栗東市）がある。ここからは、弥生時代の新旧の二つの時期の遺構が見つかっており、古い方の紀元前後の環濠集落からは、日本最小の銅鐸が出土している。新しい方の紀元150年頃の遺構には、高床式独立棟持柱建物をはじめとする大型建物が造営され、全国各地から持ち込まれた土器に加え、水銀朱の付着した石杵や、土製の銅鐸鋳型も出土している。野洲川下流の服部遺跡（守山市服部町）からも、土製の銅鐸鋳型が出土している。これらの遺跡の土製の鋳型は、大型の銅鐸をつくるのに使われたと考えられ、大岩山の銅鐸をつくる工房であった可能性

もある。

　この地方の伊勢遺跡と周辺遺跡の全貌は明らかになっていないが、年代的に大彦勢のつくった王都跡の可能性が高いと考えられる。その中でも、伊勢遺跡の円形状に等間隔に並んだ祭殿群は、同じ時代の他の遺跡とくらべあまりにも特殊な構造であり、30の対等な国どうしの連合国であったのではないかと想像させられる。

　大彦勢は迫りくるモノノベ勢と野洲川で対峙したが、次第に劣勢となって日本海側を目指して退き、北陸方面へ進んだ。大型化した銅鐸は持ち運びにくいので、このとき大部分が大岩山に埋納された。この時から大彦勢は、磯城王朝とは別の勢力と見なされるようになった。

　野洲川南岸の守山市南部にあたる地域は、かつては物部郷と呼ばれていた。またその地にある勝部神社（守山市勝部）には、物部氏の祖神・物部布津命が祀られている。これらはモノノベ勢が、近江の大彦勢の拠点を制圧した名残りであると考えられる。

　大彦勢が去ったあと、大彦の息子の1人・佐々城山君は、この地に住み着いて、佐々木氏となった。滋賀県安土町には、沙沙貴神社（近江八幡市安土町）が鎮座している。近くの安土瓢箪山古墳（近江八幡市安土町）は、佐々木氏の古墳であると言われている。

『日本書紀』には、「大彦は、阿倍臣や狭々城山君などの始祖である」と書かれている。

　また『新撰姓氏録』にも、「佐々貴山君（ささきやまのきみ）は阿倍朝臣と同祖なり」と書かれている。

　佐々城山君（ささきやまのきみ）の子孫はこの地方の領主となり、沙沙貴神社の案内板（図46）にあるように社家になったという。これで、近江源氏との関係がわかる。大彦は親戚の富家を尊敬していたので、この神社では大彦とともに、富家の少名彦（コトシロヌシ）が祭られている。

　富家からトミの名を使うことを禁止されていたので、北陸地方へ移った大彦勢力はサイノカミのクナトノ大神にちなみ、自分の勢力地を「クナトの国」や「クナト国」と呼んだという。シナの史書には、その「ト」の字が抜けて、「クナ国」と書かれた。

　大彦は福井県を通って、日本海側へ出た。かれは越前国足羽郡（あすわ）にも子孫を残し、その子孫は足羽臣となった。その家は、足羽神社（福井

図46　沙沙貴神社祭神

県福井市)の社家となり、阿須波の神を祀った。
　福井県鯖江市には、大彦を祀る舟津神社がある。大彦はその地へも訪れたらしく、神社には次のような話が伝えられている。

　　大彦は近江から敦賀へ行き、そのあと八田という所に着き、舟場より舟に乗って東進した。そこで老翁の教えを受け、さらに安伊奴彦の手引きで深江という所に到った。そこに舟を着けたので、舟津という。またそこの山に上ると、以前に会った老翁に再び逢ったので、その山を(王山)という。その老翁は、「われはサルタ彦である。われをこの地に祀れば、剣に血塗らずして賊を平らげることが出来るだろう」と告げて姿を消した。そこで、この山の峰に楯を三方に建て社形をつくって、サルタ彦大神を祀った。(その社は大山御板神社になり、現在は舟津神社に合祀されている。)

　　そのあと賊の大軍が押し寄せてきたので、大彦がサルタ彦大神に祈ると、虚空から佐波之矢が落ちて来て賊に当たり、賊は降伏した。この矢の名から、その土地を鯖矢と呼ぶようになり、平安時代に鯖江と改められた。

　大彦を案内した安伊奴彦とは、この付近に住んでいたアイヌ族であったと考えられる。この話にあるように、大彦は各地のアイヌ族を従えながら、支配地を広げたものと考えられる。また、大彦はサイノカミ信仰を広めようとしていたので、サルタ彦大神を祀った話が伝えられたものと考えられ

る。

　この舟津神社の裏には、弥生時代後期から古墳時代中期につくられた王山古墳群がある。その中の3号墓（弥生時代後期）の周溝からは、近江と東海地方の影響を受けた土器が見つかっている。舟津は大彦の支配地になったので、かれの旧領地の近江地方やヌナカワワケの領地の東海地方と交流し、土器もそれらの地方の影響を受けたものと考えられる。

　また福井県は、もともと銅鐸の祭りが盛んな土地であった。たとえば井向遺跡（福井県坂井市）からは、3個の「聞く銅鐸」が出土している。舟津神社の近くの鯖江市新町からは「見る銅鐸」が見つかっており、この地方がもともと大彦と交流のあった地域であった可能性がある。あるいは、この銅鐸は大彦自身が持ってきたものかもしれない。

　しかし、大彦は「見る銅鐸」をそれ以上先へ運ぶことができなかったようである。原料の銅の入手が難しかったということも、理由の一つだったのかもしれない。そのため、銅鐸の祭りの代わりに、神木にワラヘビを巻きつけるアラハバキ祭りを、クナト国に普及させた。

　一方、勢力をさらに強めたモノノベ勢は、尾張一族をヤマトから追い出した。一部は、紀伊国の高倉下の子孫と合流した。残りはセッツ国三島郡に逃れた。そこで尾張家とともに戦っていたアマベ氏は、先祖の地・丹波に去った。残りの尾張一族は、先に尾張本家が移住していた伊勢湾岸地方に移動

した。尾張本家とその一族はそこに熱田神宮を建て、勢力を伸ばした。その結果その地は、尾張氏の名により尾張国の名がついた。『旧事本紀』には、かれらの子孫が尾張連の祖となったと書かれている。

　アマベ氏の建田勢(たけたせ)の家は、のちに丹後国造家となった。そしてかれらは真名井神社を建てて、そこの社家になった。アマベ氏と尾張氏は同族で、娘が家の跡を継ぎ、もう一方の家から婿を迎えた例もあった。たとえば村雲の９世孫・小登与(おとよ)は、アマベ氏から分かれて尾張国造家に入った。

２．安倍川の沼河別(ぬなかわわけ)

　大彦の息子は、富家のコトシロヌシの妃・ヌナカワ（沼川）姫にちなみ、ヌナカワワケ（沼河別）を名乗った。「別」とは大王の子孫で、領主に任命された人の称号である。

　ヌナカワワケは、全権将軍を意味する「武(たける)」の称号をつけて、ヌナカワワケとも呼ばれた。

　イガの地をあとにしたヌナカワワケ勢は、父君・大彦とは別れ、イセ（伊勢）国を通って東海方面へ進み、そこでモノノベ勢と対抗することにした。

　三河地方に進出したヌナカワワケ勢は、そこで銅鐸の信仰を守り続けていた。そこには銅鐸にちなんだ猿投(さなぎ)山があり、麓には猿投(さなぎ)神社（愛知県豊田市猿投町）が鎮座する。猿投山

の近くの豊田市手呂町からは、98センチメートルと巨大な部類に属する三遠式の「見る銅鐸」が出土している。

ヌナカワワケの勢力下に置かれた東海地方も、同じく「クナト国」と呼ばれ、それが変化して「クヌ国」と発音されたらしい。そこに住んだアベ一族には久怒臣がおり、この家はのちに久怒朝臣となった。『魏書』に出てくるクナト国の久々智彦（狗古智卑狗）もいた。『新撰姓氏録』に、「久々智は阿倍朝臣と同祖で、大彦の後である」と書かれている。

『和名抄』には、遠江国山名郡久怒郷（静岡県磐田市）や駿河国阿倍郡久怒（静岡市久能山）の地名が書かれている。アベ勢は、久能山に城を構えていた。

静岡浅間神社（静岡市）の境内社・麓山神社は、古来より賤機山上に鎮座し、クナト国にちなむクナトノ大神（大山祇命）を祀っている。

ヌナカワワケたちは、遠江・駿河地方に移ってからも銅鐸の祭りを続けた。それで、その地方からは「見る銅鐸」が出土している。そこに住んだアベ勢力にちなんで、安倍川の地名も残っている。

しかし、結局その地もモノノベ勢に占領された。『旧事本紀』には、久怒国造は物部氏一族の者が任命されたと書かれている。

ヌナカワワケは、その後伊豆に退き、その地にセッツ国三島郡にちなむ三島の地名をつけた。そして、そこに三島大社

を建てて、祖先のクナトノ大神（大山祇命）とコトシロヌシを祀った。

『古事記』には、「大彦の子の武沼河別を東方の十二国に派遣して、そこの服従しない人たちを平定させた」と書かれている。しかし、真相は「派遣された」のではなく、モノノベ勢に「追いやられた」のであった。

3．クナ国の東遷

　大彦は移動の途中で、北陸地方からシナノ国にかけての領地を勢力下におさめた。

　北陸方面は、「クナトが国」が縮まって、クヌガ国と呼ばれた。

『日本書紀』には、「大彦はクヌガの道（北陸道）に行った」と書かれている。後世に北陸から越後にかけて、大彦の子孫が豪族になったことが『旧事本紀』「国造本紀」に書かれている。

　若狭国造は、大彦の子孫・膳臣家が勤めた。加宜（加賀）国造と越後国の高志深江国造は、ともに大彦の子孫・素都乃奈美留の後裔であった。越後を中心に勢力があった越国の高国造は、阿倍臣・屋主男心の後裔であった。これらの北陸地方の大彦の子孫の国造は「道の公家」とも呼ばれ、富家の親族であった。

北陸地方へ進んだ大彦は、越後を通ってシナノ国に移住した。大彦はシナノに進出した後、更級(さらしな)郡布施の五明長者窪(ごみょうちょうじゃくぼ)を本拠地とし、その地で亡くなった、と地元では伝えている。その屋形跡に

図47　布制神社（長野県篠ノ井）

は布制(ふせ)神社（長野市篠ノ井布施五明、図47）が建てられ、大彦が祀(まつ)られている。その近くの山には、大彦の墓と言われる川柳(せんりゅう)将軍塚古墳（長野市篠ノ井石川）がある。その後、その地は大彦一族の布施氏により治められた。

　『古事記』には、大彦は越の国を通り、東海道を通った息子・ヌナカワワケと会津で出会ったと書かれている。それが会津の地名の由来とされているが、大彦はシナノ国で亡くなったので、2人が会津で会うことは不可能である。おそらく、北陸地方を通った大彦勢と、東海地方を通ったヌナカワワケ勢が、会津で合流したことを示しているものと考えられる。

　その後大彦の子孫の一族は、モノノベ勢に追われて、東北地方まで転々と移動を繰り返した。そのアベ一族が北方に滞在したときには、トミ姓の方が尊敬されるので、富家にだまってトミ姓を名乗っていたらしい。

　山形県と秋田県の境目あたりに一時とどまっていたときに

は、そこの高い山に「トミ山」という名前をつけた。しかし、富の字を使うことは禁止されていたので、人から山の名を聞かれた時は、「トミ山のトは鳥の意味で、海に近い所だから鳥海山と書く。それをトミ山と発音しているだけだ」と言い訳した。すると、アベ氏が去ったあとでは、地元の人たちは鳥海山のことを「チョウカイサン」と呼ぶようになったという。

　アベ一族はさらに北へ移動し、東北地方にアベ王国をつくった。東北地方には、今でもアベ姓が多い。

　かれらは、イズモ族の太陽信仰を持っていたので、国名を「日高見国」と称した。その国は日本列島の東方にあったので、どこよりも早く日が昇るのを拝むことができる良い国だ、ということを強調した国名だったのであろう。

　『常陸国風土記』の信太郡には、「ここはもとの日高見国である」と書かれており、常陸国もアベ王国の領域であったことがわかる。「ヒタチ」国という名前も、日が立つ（昇る）という言葉がもとになっており、そこでは朝日信仰があったことがわかる。同じように東北地方でも朝日が尊ばれたので、「朝日」という地名が多く残されている。

　岩手県から宮城県にかけて流れる北上川も、ヒダカミ川の読みがなまったものらしい。北上川流域には、鳥海柵や厨川柵などアベ王国の防衛基地の遺跡が残っている。その地方に住む東国の人々は、近畿地方の政府側から「蝦夷」と呼ばれた。

『日本書紀』の景行大王の時代には、「東の夷の中に、日高見国あり。その国の人…すべて蝦夷という」と書かれている。

日高見国はその後、「日本之国」と名のった。

『旧唐書』（和国日本国の条）には、次のように書かれている。

　日本国は和国の別種なり。その国は日の辺のある故に、日本を名とする。和国の蔑称・倭国はその名が上品でないと自ら嫌い、改めて日本に変えた。あるいは言う。日本は古くは小国で、和国と並立していた。

このアベ一族による東北地方の日本国は、ヤマト地方を中心とする和国とは別の国で、それぞれが独自の貿易を行っていた。そのため、日本列島に二つの独立国があったことは、外国には広く知られていた。二つの独立国並立時代は、鎌倉時代まで続いた。日本国が初めて一つの国に統一されたのは、北条執権の時代であった。

伝承によるとアベ政権には、アイヌ人の代表も加わっていたという。アイヌ人が住んでいた渡り島（北海道）や樺太・千島も、アベ王国の領土であった。そして、アラハバキ５王の合議制による政治をおこなっていたので、鎌倉時代まで長く王国を維持することができた。

アベ氏は、鎌倉時代には安東氏を名のった。かれらの中心地は、津軽の十三湊（青森県五所川原市）近辺であった。そこは初めは、トミ家にちなんでトミの湊と呼ばれたが、の

ちにトサ湊と呼ばれるようになった。近世以降は、読みやすいという理由でジュウサン湖と呼ばれるようになり、もとの意味がわからなくなっている。

4．アベ王国のアラハバキ信仰

　大彦が伯耆国から持ち帰り、クナト国で普及させたアラハバキ信仰は、かれの子孫のアベ氏により東北地方でも続けられた。そのため、アベ王国は「アラハバキ王国」とも称した。そのアラハバキ信仰が広がったため、宮城県以北にはアラハバキ神社が各地で見られる。

　アラハバキ神の「アラ」とは、イズモ族のサイノカミ信仰の竜神のことであった。伯耆地方には竜神（蛇神）信仰があり、今でもワラでつくった竜神を高い木にまきつけて、秋にお祭りする習慣がある。その竜神は恐ろしい神であったので、アラ神（荒神）とも呼ばれた。
　また斎部広成著の『古語拾遺』には、「古語で大蛇を羽々という」と書かれている。つまり、竜神がまきつく神木のことを「ハバキ」という。その二つの言葉を合わせて、アラハバキ神という名前がつくられた。
　イズモ族は、お盆などに先祖神が神木をつたって降りてきて、またその神木をつたって空に帰っていくと考えていたので、神木を拝む習慣があった。それは、イズモ族の子宝の

神・サイノカミの宿る神木であったので、「斎の木」や「斎木」とも書かれた。

つまりアラハバキ神とは、先祖が宿る神であると同時に、子宝を与える神でもあった。

そのような神木は、伐るのは禁じられていたので、「禁樹」とも書かれた。それらは、伐られずに高く成長したので、遠くからもよく見えた。

伯耆国（鳥取県）の西部の方には、ホウキ（宝木）という高い神木が生えていた。「ホウキ」とは、「ハバキ」の発音がのちに変化したものであった。それで国の名前をつけるときに、そのホウキに当て字して、伯耆（伯伎）の国となった。

ハバキという古い発音は、倉吉市福庭の波波伎神社（図48）の名に残されている。鳥取県気高町宝木にも、母木神社がある。母木神社の付近の地名も、もとは母木であったものが、今は宝木へと変わっている。幹が直立し、上で枝が広がる木が神木に適していると言われており、箒と形が似ているので、同じ発音になったらしい。

『信濃国風土記・逸文』にも、ハハキ木が箒のようであったことが、次のように書かれている。

　　　ハハキ木は美濃信

図48　波波伎神社（鳥取県倉吉市）

濃の国境、伊那の原・ふせや（下伊那郡阿智村）という所にある木である。遠くから見ると、箒（ほうき）を立てた形に見えるが、近よるとそれらしい木がない。それで、姿は見えるが、成就しない恋のたとえになった。

だから伯耆国は、「箒（ほうき）の国」とも考えられたようである。箒は、高砂の爺婆の姥（うば）も手にしており、サイノカミ信仰の名残で新しい命を与える縁起のよいものとして扱われている。

伯耆国はイズモ族のつくった出雲王国の領土であり、アラハバキ信仰がよく残っている土地である。イズモ族の親戚のアベ氏は、出雲王国で発展したアラハバキ信仰を津軽地方に持ち込んだ。そのため津軽地方と伯耆国に、アラハバキ信仰の共通点ができたものと考えられる。

アベ氏は、亀ヶ岡（青森県木造町）の地を聖地として、縄文時代的な土女神像（つちめがみ）を拝む信仰も続けた。

津軽半島の亀ヶ岡遺跡（青森県木造町）など東北地方で発掘された有名な土女神像（口絵7）は、巨大な目の部分に特徴がある。これは、亡くなった祖先神であるので、目が閉じられている。海外でも同様の例があり、たとえばギリシアのミケーネで、ハインリヒ・シュリーマンにより発掘された紀元前1500年頃の「黄金のマスク」も、亡くなった人の顔を示しているので、やはり目が閉じられている。だから、この土女神の目の部分を、他民族の「雪眼鏡」の名前で呼ぶのは誤りである。

東北地方でよく見つかるこれらの祖先神の像は、イズモ族の親戚のアベ族が作った土女神像であった、と出雲の旧家では伝えられている。この神像は、アベ族の支配した東海地方や北陸地方、関東地方でも見つかっている。
　東北の地元では、この神像のことを古代から近年に至るまで「アラハバキ土女神像（つちめがみ）」と呼んでいたという。そのため、実際に呼ばれていたこの名前で呼ぶのが、最もふさわしいと考えられる。
　またアラハバキ土女神像は、古代の衣装を身にまとっている。衣装の模様は、アイヌのものに似ており、イズモ族がアイヌ族の衣装を真似した可能性がある。そしてその模様は、竜神（蛇神）（りゅうじん）を表しているものと考えられる。また、胸や腰の部分が膨らんでいることから、母系の祖先神をかたどり、尊敬していたものと考えられる。
　この神像の頭の上に乗せている飾りのようなものは、ランプを表現していると考えられる。同じような形のランプ土器も、多く発掘されている。古代では、これらのランプ土器に油を入れて、夜に灯火（ともしび）として使っていた。当時、油は貴重なものであったので、通常はランプ土器を使わずに、人々は日が沈むと活動を止め就寝していた。ところが出産は、昼だけでなく夜にも行われる。夜に出産する際には、暗闇を照らすため、ランプ土器に明りが灯される習慣があった。またランプ土器は村の共同所有物で、産婆が出産の近づいた家に持参して使っていた。そのため、ランプ土器は神聖でおめでたい

ものと考えられていた。

アラハバキ土女神像は、頭の上に出産に関連するランプ土器を乗せていることから、安産や多産を祈るために使われた神像であることがわかる。

なおこのランプ土器は、香炉形土器という名称で呼ばれているが、香炉は平安貴族が香りを出すために使ったもので、縄文時代の遺物には適切な名称ではない。灯火土器と呼ぶべきであろう。

アラハバキ土女神像は、吉野ヶ里土器時代にも使われた須恵器と同じ硬い質でつくられていた。それは、吉野ヶ里時代に海外から伝わった須恵器の技術を使って、アベ氏がつくったためであった。つまりヤマト地方が吉野ヶ里時代となったあとも、東北地方ではまだ縄文時代のような信仰や文化が続いていた。北海道地方では、縄文時代のあとに吉野ヶ里時代ではなく続縄文時代が続いていたと考えられているが、それは東北地方でも同様であったと考えられる。その意味から考えると、縄文時代や弥生時代という時代区分は見直す必要があるものと考えられる。

アラハバキ土女神像についても、いわゆる縄文時代の古い土女神像とはつくられた時代が異なるので、区別するべきであると考えられる。

第十二章　フトニ大君のキビ王国

1．キビツ彦兄弟のハリマ進出

　ヒボコ勢にハリマを占領されたあと、東出雲王国は豪族に銅鐸を配るのをやめ、銅剣を配り始めた。出雲王国の祭りに参列した各地の豪族に剣が渡されたが、鉄剣のウメガイが実用品として好まれた一方で、銅剣は余ったという。当時は母系家族制社会であったので、男神のシンボルの銅剣は好まれなかったのかもしれない。

　ヒボコ勢のハリマ進出と、そのあとに起きたモノノベ勢の紀ノ川攻撃は、ヤマトの磯城王朝へも大きな影響を与えた。

　磯城王朝の大彦は、モノノベ勢との戦いのあと、新天地を求めてヤマトからイガ国へ去った。その後ヤマトで大君になったのは、異母弟のフトニであった。フトニ（孝霊）大君は、東出雲王国がヤマト政権との同盟をやめ、国のシンボルを銅剣に変えたことを不快に感じていたらしい。

　また、ハリマ地方をヒボコ勢に取られたままにして置くことも、惜しいと感じたようである。フトニ大君はハリマ地方の侵略を、息子たちに命じた。イサセリ彦（大キビツ彦）とワカタケ彦（ワカタケキビツ彦）の兄弟が大軍を率いてハリマに向かったことが、『古事記』に書かれている。

　　　二柱は一緒に、ハリマの氷河（加古川）の前に忌瓮（さき）（いわいべ）
　　（酒を入れた神聖な瓶）（かめ）をすえて戦勝祈願し、ハリマを
　　道の入口として、キビ国を征服した。

　かれらが戦勝祈願した場所は、現在の日岡山（加古川市加

古川町大野）であると考えられる。そこは古代は、氷丘（ひのおか）と呼ばれ、その下を流れる加古川は氷河と言った。ヤマトから移動して来たイサセリ彦とワカタケ彦は、この地を前線基地として、加古川を渡りハリマのヒボコ勢を攻めたものと考えられる。

　このころヒボコ勢の旧領の但馬北部は、タンバ方面から侵入したアマベ氏の勢力に、すでに占領されていた。

　ハリマに住んでいたヒボコ勢の人々の多くは、イサセリ彦とワカタケ彦の大軍に攻められて、まだ住民が少なかった淡路島に逃げた、と伝えられている。

　ヒボコの子孫である出石神社の旧社家・神床家には、次のような伝承があるという。

　　磯城王国を南北から挟み撃ちすることを求める使いが、モノノベ王国から来た。そして攻撃の約束が結ばれたが、モノノベ王国に騙（だま）されてしまった。タジマのヒボコ勢は約束の日に攻撃を開始したけれども、モノノベ王国は動かなかった。ヒボコ勢は、出雲王国の隙をついて、ハリマ国に侵入したが、反対に磯城王国軍に集中攻撃を受け、敗れた。発展するためには、確実に良い時期を待つべきであった。

　ハリマにいたヒボコ勢の残りの一部は、船で淀川を逆上り、琵琶湖東岸の坂田に移住した。また、他の一部の人々はキビ国に逃げたという。

『播磨国風土記』には、飾磨の郡・枚野の里の記事がある。枚野の里は、ヒボコ勢とイズモ勢が戦った八千軍野の南方（姫路市の北部）に位置している。

> 枚野の里。新羅訓の村と筥岡がある。…むかし新羅の国の人が来朝したとき、この村に宿った。それで新羅訓（国）の名がついた。山の名も、同じ新羅訓山という。

この山の名は、今は広峯山となっていて、山上に広峯神社（姫路市広嶺山）が鎮座する。その南麓に白国神社（姫路市白国）がある。白国は、新羅国から変わった名前である。上記の記事に「宿った」と書かれているのは、ヒボコ勢がこの付近に住み着いたことを意味しているものと考えられる。そのため、白国の地名が残ったのであろう。

枚野の里に住み着いたヒボコ勢の人々は、イサセリ・ワカタケ勢の侵略を受けたときに村を去ったと考えられる。その地には、白国の地名だけがそのまま残った。この地に新しく住んだアマベ氏関係の人が、かれらの先祖神として、スサノオノ命と五十猛命を広峯神社に祭ったという。

2．キビ王国の成立と温羅伝説

ヒボコ勢を追い払いハリマを占領したイサセリ・ワカタケ勢は、こともあろうに出雲王国領のキビ地方に侵入した。磯城王家を親戚と考えていた出雲王家は、大きな衝撃を受けた。予想もしない攻撃を受けたために、その防戦の準備が遅

れてしまった。

　イサセリ・ワカタケ勢は圧倒的多数の軍勢を有していたため、出雲王国軍はその勢いに押され、キビの中山まで占領された。出雲王国は、キビ地方西部を守る方針をあきらめ、軍を引いて出雲の国境を防備することに決めた。

　キビに逃れていたヒボコ勢はさらに西部に逃げ、品治（ほむち）の郡の府中（広島県府中市）付近に住んだと伝わる。そこのヒボコ勢はさらに分かれて、一部は瀬戸内海に出て日向（ひゅうが）（宮崎県）に移住したという。勢いの盛んだったヒボコ勢は、ついに分離状態となった。

　イサセリ・ワカタケの軍勢は、キビ地方全域と美作地方を占領し、その軍勢は各地に分散して住み着くことになった。

　イサセリ彦とワカタケ彦は、キビの中央に当たる「キビの中山」に定住した後、名前を変えた。前者は大キビツ彦となり、後者はワカタケキビツ彦と呼ばれるようになった。

　その頃、ヤマト地方にモノノベ勢が侵入した。キビツ彦兄弟の父君・フトニ大王は、モノノベ勢を脅威に感じ、キビに移って来た。その後ヤマト地方では内乱状態が続き、大君と呼べる人はいなかった。その様子は、シナの史書『後漢書』「東夷伝」に次のように書かれている。

　　　桓帝と霊帝の在位期間には、和国は大きく乱れ、代わる代わる互いに攻めて、長年にわたり国主がいなかった。

　後漢の桓帝と霊帝の在位期間は、西暦147年から188年に

当たる。その年代は、出雲の旧家の伝承と見事に一致している。

　キビ国に来たフトニ大王の勢力は、ヤマト政権とは分離独立した状態になり、その政権はキビ王国となった。古今集（巻二十）にキビ地方についての歌がある。

　　　真金吹く　吉備の中山　帯にせる
　　　細谷川の　音のさやけさ

「真金吹く」とは、タタラ製鉄でフイゴを吹くことを意味する。すなわち、「真金吹く」がキビの枕詞になるほど、キビも砂鉄が採れ、鉄の産地であった。

　当時のキビ王国は、のちに分離した備前・備中・備後にまたがり、さらにハリマの美作地方も含んでいた。美作地方は特に砂鉄がよく採れた。鉄は兵器としても農具としても、重要なものであった。その産地を手に入れたことで、キビ王国はヤマト政権に匹敵するほどの強国となった。

大キビツ彦とワカタケキビツ彦が住んだ地には、のちにキビの中山の西に吉備津神社（図49）が、東に

図49　吉備津神社（岡山市中山）

吉備津彦神社が建てられた。

　吉備津神社には、大キビツ彦が祀られている。キビツ彦兄弟のキビ侵略の史実は、悪者退治の伝説に作り変えられて、社に伝えられた。社の入口の前に、「矢置岩」と呼ばれる大きな岩が置かれている。説明板によると、その由来は次のようなものであった、

　　当社の西北８キロの新山に、百済から来た温羅という鬼神がいた。凶暴で庶民を苦しめた。人吉備津彦命は吉備の中山に陣取り、鬼神とたがいに弓矢を射合った。すると、両者の矢が空中で衝突して落ちた。落ちた所に、矢喰神社（岡山市田中）ができた。落ちた矢を置いた岩が、ここの矢置岩である。

　　そして鯉に化けて逃げる温羅を、キビツ彦は鵜となって捕らえ食った。その場所に鯉喰神社（図50）が建てられている。

　勝った側は自分たちを正当化するために、善し悪しに関わらず、負けた側を悪者にして宣伝する習性があるという。この話の「鬼」とは、敗者のことであった。

　鬼の名前を温羅にした理由の一つは、ヒボコ勢を表すために韓国風の名前にしたためであったと考えられる。もう一つの理由は、裏日本の出雲王家を指すためであったと考えられる。

　吉備津神社では、鳴釜神事がおこなわれる。釜戸神は古く

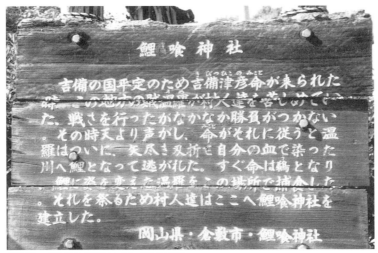

図50　鯉喰神社案内版（倉敷市）

は、イズモ族のサイノカミの女神の象徴であった。その釜の湯はお祓いの力があるとされ、古くから神社の神事で使われた。この社では、その釜の下に温羅の首を埋めたとする。釜の中の湯が沸く音を、イズモ族の怨霊のうなり声であると説明している。

　また温羅伝説をもとにして、「桃太郎の鬼退治」のお伽話もつくられた。吉備津神社の説明板に書かれた新山には、鬼ノ城がある。それは土塁や石垣で、約３キロメートルに渡り守りを固めた朝鮮式山城である。斉明天皇の時代に、和国は百済を助けるために、水軍を出兵させた。しかし、663年に唐と新羅の水軍により大敗した。そのため和国の水軍は、百済の亡命者たちを連れて帰ってきた。その百済の亡命者たちが、この鬼ノ城を築いた可能性が大きい。

後世の人が、その朝鮮式山城に鬼ノ城の名前をつけ、キビツ彦の温羅退治の話につけ加えたものと考えられる。その結果、桃太郎が鬼ノ城に住む鬼を退治する話ができた。そのため桃太郎のモデルは、キビツ彦ということになる。

３．キビ軍の東出雲王国攻撃

　キビ王国がキビの中山を都にした後、出雲王国に要求を突き付けた。それは出雲王国がキビ王国の属国になれ、という要求であった。
　二つ目の要求は、出雲王家が持っているすべての銅鐸と銅剣を渡せ、というものであった。キビ王国は新たに多くの銅剣をつくるために、素材の青銅を欲しがっていた。豪族に配るために造った銅剣が出雲王家に余っていることを、キビ王国は知っていた。銅鐸と銅剣をすべて渡せという要求は、出雲王国の勢力を広げるな、という圧力でもあった。
　これらの要求には、出雲王家は承服しかねた。その時まで600年以上続いた出雲王国の誇りが許さなかった。出雲の二王家はすぐさま協議し、これらの要求には応じないことを決めて、キビ王国に通知した。
　結果はすぐ現れた。キビツ彦兄弟の軍勢が中山を出陣し、出雲王国に迫った。キビとの国境を越えて侵入し、怒濤のように出雲王国に迫った。ヤマトの人は出雲王国の入り口は米子だと考えていた。

フトニ大王は、まず東出雲王国を降伏させるよう、東からの攻撃を命令した。キビ勢は新庄を通り四十曲峠（しじゅうまがりとうげ）を越え、伯耆国に侵入した。伯耆国進撃の作戦は、出雲と因幡以東との分断をはかり、東出雲王国を弱体化させる意図もあった。
　東出雲王国軍は板井原で防戦したが、キビの大軍はそこを突破し、根雨（ねう）（鳥取県日野町）になだれ込んだ。そこから江尾（えび）に進んだキビ勢は、日野川に沿って北上し、古市（西伯郡伯耆町）を前線基地とした。キビ勢が侵攻した日野川流域には、フトニ大王を祭る楽楽福（ささふく）神社が点在している。
　またこのキビ勢の侵攻の影響でできた地名が、伯耆国の西部に残っている。攻めてきたキビツ彦たちは、自分が徐福の子孫であることを誇りとしていた。そのため、占領した地名に「福」の字をつけさせた。
　伯耆町には、古市の南方に福島や福居、福岡があり、北方には福岡原がある。
　溝口の西方の南部町に、福成と福里、福頼がある。またそこには、「倭」（やまと）という地域もある。そこはフトニ大王とともに、ヤマトからキビを通ってやってきた兵士の一部が住み着いた所である。その子孫の中には、大和の苗字を名乗る家がある。「倭」の南には、鴨部の地名がある。そこは、ヤマトから移住してきた出雲王家の親族・鴨氏の関係者が住んだ所である、と考えられる。
　キビ勢は、古市から溝口にかけて進軍をつづけた。東出雲軍は後退しながらも、高塚山（南部町鶴田）と鬼住山（伯耆

町長山）付近に陣取り、夜にゲリラ戦をおこないながらキビ勢の進撃を防いだ。

　キビ勢は応援のために、中山からフトニ大王みずから伯耆に出向き、溝口の宮原が軍団の本営となった。そこにはのちに、楽楽福神社（伯耆町宮原）が建てられた。

　劣勢となったイズモ兵は、長く隠っていた高塚山から西に敗走した。溝口の先住民を追い払って、そこを占領したキビ勢は、イズモ兵を鬼と呼んだ。

　イズモ兵が隠った山は、その時から鬼住山と呼ばれた。その地を流れる日野川にできた橋は、鬼守橋と呼ばれている。楽楽福神社の近辺では、フトニ大王の鬼退治の話が伝承されている。

　次にイズモ兵は、西方の要害山（西伯郡南部町天万）に移り、その付近でも防戦した。ここでも激戦がくり広げられた。

　この溝口・要害山での攻防戦が、約700年にわたる長い出雲王国時代での最大の戦いであった。このとき、東出雲王国軍の兵士の約3分の1が戦死した、と伝えられている。富家の分家の人々も、多く亡くなったという。

　『古事記』では、出雲とキビ王国との争いの史実が、神話として書かれている。すなわち、フトニ大王・キビツ彦勢による出雲王国の攻撃は、兄・八十神たちが大名持（大国主）を焼け死させる話に変えた。

要害山の麓に、赤猪岩神社がある。その社の隣に、丸く大きな岩がある。それは、『古事記』に登場する赤猪岩だと言われる。『古事記』には、次のように書かれている。

　　八上姫がオオナモチ（大国主）の嫁になると答えたのをにくみ、兄たちはオオナモチを殺そうとはかった。そして、伯耆国の天万（要害山）の山麓に行き、オオナモチに言った。
　「赤い猪がこの山にいる。われらが追い下すから、おまえが捕まえよ」と。
　　そして猪に似た石を火で焼いて、転ばし落とした。それを両手で受け止めたオオナモチは、焼け石の熱で焼けただれて死んだ。

　これは、イズモ兵がキビ勢に敗れた話を変えて、大国主が焼け死ぬ話にしたものと考えられる。赤猪岩神社の西南に大国橋（図51）がある。そこをイズモ兵が守っていたので、

図51　大国橋（鳥取県西伯郡南部町）

大国主の名前が橋についたと言われる。

さらに『古事記』では、その後オオナモチが生き返る話も作った。

赤猪岩神社と大国橋の中間には、清水がわいていた。それで、そこの井戸は「於婆御前の井」と名づけられ、於婆御前がその水で貝の粉を練って火傷にぬり、大国主を蘇生させる話が作られ、地元で伝えられた。

そののち御祖母の命（イザナミノ命）は泣きうれい、カミムスビ（神産巣日）ノ命に助けを求めると、キサ貝姫とウムギ姫を遣わされた。彼女らが母乳をオオナモチの火傷にぬったら、生き返り麗しい壮年男子になった。

イザナミノ命は、サイノカミの幸姫命の化身であり、出雲王の先祖であった。その夫・クナトノ大神は東出雲王家（富家）の祖として、カミムスビノ命とも呼ばれる。つまりこの話は、要害山付近で苦戦したのが、東出雲王国軍であったことを示している。

この付近には後世まで、イズモ族が住んでいた。かれらは味方のイズモ兵が鬼と呼ばれるのを善しとせず、イズモ兵の苦戦をいたんだ。

そのあとイズモ兵は、伯耆と出雲の国境・母塚山の南北の山地を防衛線として抵抗を続けた。その母塚山は、イザナミノ命が葬られた山だと言われる。『古事記』には、次のように書かれている。

神去られたイザナミノ命は、出雲国と伯耆国との境の比婆の山に葬られた。その亡くなったイザナミノ命を、黄泉戸大神という。

　イズモ兵が本営とした母塚山の北方の山にも、要害山の名がついた。その付近には、このときにできた「防床」という地名も残されている。

　キビ勢は法勝寺川を渡り、出雲兵が必死で守る母塚山に迫った。キビ勢は東出雲王国軍よりも優勢であったが、国境の母塚山を越えることはできなかった。

４．東出雲王国との和睦

　フトニ大王の勢力は、伯耆町の宮原からさらに北に進んだ。尾高から後世に吉備式土器が出土したのは、キビの兵が残したものであると考えられる。

　大山の西北方に、丸山がある。フトニ大王の勢力は、その山を回って、その東北の宮内（大山町）に留まり住んだ。

　フトニ大王は、後世にという孝霊という諡（死後の贈り名）で呼ばれた。それで西大山の北方の丸山はフトニ大王にちなんで、後世には孝霊山（図52）と呼ばれるようになった。

　その山の北西に、妻木晩田という弥生時代の高地性大集落があった。そこは向家（富家）の親族が住んだので、「ムキ」という地名が残っている。「向」の字が「妻木」に変わった

第十二章　フトニ大君のキビ王国

らしい。イズモ族はそこの洞ノ原(どうのはら)地区に、西側から来る敵を防ぐための環濠をつくった。ところが、敵のキビ勢は、反対の東側に住み着いたことになる。その高

図52　孝霊山（鳥取県大山町宮内）

台から海岸を見張り防備する役だったイズモ兵は、キビ勢の勢力が弱まるまでは、妻木晩田の集落から離れざるを得なかった。

　フトニ大王は晩年を、宮内で過ごされた。その屋形跡には、後世に高杉神社（鳥取県西伯郡大山町、図53）が建てられた。そこには、ヤマトから后・細姫と妃・福姫がついて来られた。ところがフトニ大王は、伯耆地方で若い美人を見つけて、屋形に迎え熱愛されたという。

　返り見られなくなった細姫は、息子・大キビツ彦が住んでいた日野の楽楽福(ささふく)の西宮に、移り住んだ。そこの北方にある崩御山(ほうぎょさん)は、その地で亡くなられた細姫の御陵であるという。

　同じく返り見られなくなったワカタケキビツ彦の母君・福姫は、生山の東方の上菅（日野町）の菅福の宮に移り住んだ。その跡には菅福神社が建てられた。

　フトニ大王は亡くなられた後、溝口の楽楽福(ささふく)神社に祀(まつ)られ

271

た。そこには、フトニ大王のものと言われる小さな塚がある。

神社名のササフクについては、諸説がある。フトニ大王の幼名が、笹福

図53　高杉神社（大山町宮内）

であったというのがその一つである。また、女神の象徴としての「笹」の発音がつけられた、ともいう。ササとは砂鉄のことで、ササフクとは砂鉄のたたら吹きのことだ、との説もある。

屋形跡の高杉神社には、フトニ大王と細姫、福姫が祀られた。ところが、その地には天災が相次いで起こった。宮内の人は、細姫と福姫の霊のたたりだと感じた。そこで「うわなり（後妻）打ち」の神事を行ったところ、天災がおさまった。それ以来この神社では、「うわなり打ち」の神事が行われている。「うわなり打ち」は夫を奪われた先妻の女親族が、先妻に同情して後妻をたたき、先妻の鬱憤をはらす民間行事であった。

フトニ（孝霊）大王が自ら戦いに出向いたことは、『記紀』には書かれていない。しかし『古事記』の編集者は、フトニ大王にまつわる伯耆での「うわなり打ち」の話を知っていた

のかもしれない。熊野勢に味方した弟ウカシが大饗(おおみあえ)した時の歌として、「うわなり籠愛」の歌が何の脈絡もなく唐突に出てくる。

　　コナミ（前妻）が　食事を望めば、
　　未熟なソバの実の少ないのと　すごいた稗を。
　　ウワナリ（後妻）が　食事を望めば、
　　イチサカキの多い実と　すごいた多い稗を。

　この「うわなり籠愛」の歌をここに入れたのは、物部の第一次東征は、フトニ大王の時期だと示すためであったと考えられる。

　戦いのあと東出雲王家の親族は、出雲王国の直轄地であった伯耆国の妻木晩田の丘に戻り住んだ。そして、その地に四隅突出方墳を築いた。

　フトニ大王が隠居したあと、キビツ彦兄弟の軍勢に苦戦を強いられていた富家は、銅剣を出雲王国領の豪族に配るのをやめ、キビ王国に差し出す方針を決めた。しかし銅剣の一部は、神に守って貰うために地下に隠すことにした。またそれ以外の銅剣を、その形のまま渡すのは自尊心が許さなかった。そのため融かして、青銅のインゴットの形にして渡すことにした。

　富家と豪族たちは、東西出雲王国の国境付近の神庭斎谷(かんばさいだに)に集まった。そして、そこの斜面に銅剣を埋納することにした。富家所有の銅剣344本には、他の豪族の物と区別するた

め、タガネで×印が刻まれた。×印は、サイノカミ信仰の聖なるシンボルであった。また富家では、×印に王家の象徴の矛を組み合わせた「竜鱗枠に銅矛交差紋」を使っていた。銅剣につけられた×印は、その王家の紋章を意味していた。銅剣にわざわざ目印をつけたのは、ふたたび掘り返して使いたいとの意思の表れでもあった。

富家以外の豪族の銅剣14本も加えられ、合計358本が斜面に整然と並べられて埋納された。それは銅剣を大切に思う気持ちの表れであり、決して捨てられた訳ではなかった。

しかし埋納された銅剣は、その後掘り返されることはなかった。富家は領地の中の西谷（斎谷）を、銅剣などを埋めた聖地として荒らされない工夫をした。

江戸時代以後は、「西谷に立ち入ると、罰が当たる」と言いふらして、立ち入り禁止とした。この話は、現在でも村人たちの語り草になっている。

永い年月を経て1984年の農道工事中に、畑の奥と呼ばれていた西谷から、この358本の銅剣が発掘された。銅剣をおおっていた土には、小屋の柱跡と焼けた跡が見つかった。銅剣を埋納した後に、番人がいた時期があり、火祭りが行われたこともあったらしい。

ここから出土した銅剣の数は、それまでに日本全国から出土していた銅剣の数を上回った。その数の多さから、出雲王国の実在性を説く学者が増えた。

翌年には、隣に埋納されていた銅矛と銅鐸（口絵8）が出

土した。銅矛と銅鐸が同じ場所から出土した唯一の例であると、話題となった。出雲王国の実在性を信じる人が、さらに増えた。

そこの地名は、現在は、神庭西谷（斐川町）になっているが、江戸時代までは「斎谷」の字が使われていた。出雲王国はサイノカミ信仰を国教にしていたので、「斎谷」とはサイノカミを祀（まつ）る場所を意味した。その周辺に神庭の地名がついたのも、同じ理由であると考えられる。

出土地の近くに三宝荒神（さんぽうこうじん）が祀（まつ）られていたので、ここは荒神谷遺跡と名づけられた。三宝荒神は、7世紀末頃の役の行者が祀（まつ）り始めた神である。役の行者もイズモ族の子孫ではあるが、銅剣埋納の行為とは直接的な関係はない。この遺跡の名称は、もともとのサイノカミ信仰にちなんだ地名を使って、「神庭斎谷遺跡」と呼ぶのがふさわしい。それでこの本でも、その名で呼んでいる。

そこから見つかった小型銅鐸は6個あった。その中には、これまで出土した銅鐸の中で最も古い形式のものがあり、それ以外の銅鐸もそれに続く古い形式のものであった。それは銅鐸が、出雲で初めて使われたことを示している。富家は、古い型式の銅鐸を、記念品として土中保管したのかもしれない。

銅鐸をその地に埋めるのは、サイノカミに古い神器を捧げるという意味もあった。斎谷の東南に大黒山（島根県斐川町）があり、そこにもサイノカミが祀（まつ）られていた。サイノカ

ミは「境(さかい)の神」とも呼ばれる。東西王家の領地の境界が、その大黒山と斎谷を結ぶ線であった。

　銅鐸の横からは、銅矛も16本出土した。それらは北九州で多く出土するもので、出雲王家はその銅矛を、親族の宗像家を通じてモノノベ王国から入手したものと考えられる。モノノベ王国は、先住のイズモ族と混血し、勢力を伸ばしていた。それで、モノノベ王国の初期の頃は、出雲王国との間に明確な敵対関係はなかったものと考えられる。また出雲王家は、銅矛を王権の象徴として使用したものと考えられる。その名残が、富家の紋章「銅矛交差紋」として残されている。

　その銅矛が埋納されたのは、キビ王国と和睦するために、その敵のモノノベ王国と絶交するという意味があったのかもしれない。

　銅剣を埋納した斜面下の谷底には坩堝(るつぼ)炉がつくられ、その中に残りの銅剣が入れられた。融解された銅剣が冷えた頃、陶土の炉が壊(こわ)された。中から、ただの塊となった青銅が現れた時、見守っていた人々の目からは涙が流れた。

　『荒神谷遺跡発掘調査概報（3）』には、斜面の埋納地の下の谷底の焼土は、全体が煉瓦状に固く焼き締まっており、鮮明な赤色を帯びていた、と報告されている。

　原島礼二著『出雲神話から荒神谷へ』には、「そこで強力な千度以上の火が、くりかえし焚かれた」と書かれている。それが正しければ、そこに大型の坩堝が造られ、吹子の風による炭火の高温で、多くの古い青銅器が同時に融かされただ

ろう。

　そのあたりには、残された炭化物があまり見当たらないという。イズモ族は几帳面であった。敵に覚られないよう、大型の坩堝の炉は、きれいに片付けたものと考えられる。焼けた地面の上に何も残っていないから何も使っていない、と決めつけることはできない。

　そして東出雲王国は、キビ勢に対し休戦の申し入れを行った。東出雲王家が所有するすべての青銅のインゴットを、キビ勢に引き渡すと説明した。キビ勢に対しては、神庭斎谷に多くの銅剣を埋納したことは秘密にされた。

　キビ勢は東出雲王国から青銅のインゴットを受け取り、休戦状態となった。しかし、両国の間の緊張状態は続いており、いつまたキビ勢が攻め込んでくるかもしれなかった。それで東出雲王国軍は、南の鷹入山から東の母塚山の線まで退き、東出雲と伯耆の国境を厳重に防備した。この防衛線が後世までも、出雲国と伯耆国の国境線となった。

5．西出雲王国攻撃と和睦

　東出雲王国と和睦したキビの軍勢は、南方へ向かって転戦することになった。母塚山の東方にいたキビ軍は、伯耆町の福島から福岡へと南下した。日野川岸の黒坂から西に向かい、生山に達した。

　そこで西出雲国の大軍に遭遇し、激戦となった。南方の大

倉山にいた神門臣家の軍勢が大挙して西進をはばんだ。

「大国主命は、大倉山の麓で（キビツ彦兄弟神の）追っ手が収まるのを、逃げ隠れ住んだ」と伝えている。大国主命とは、イズモ兵を例えていると考えられる。
『神話のふるさと』（山陽中央出版社）には、この地元に住み着いたキビ人の伝説が紹介されている。
　…（大石見）神社から70メートルほど離れた山腹に奥行き約10メートルの洞穴がある。氏子が、「昔、長老からここにオオクニヌシが隠れた、と聞かされたことがある」と語る…

実際に行ってみると、その洞穴は「コマリ山」と呼ばれる山にあり、地元の人の案内がないと見つけるのは難しい。昔は地元の子供たちが中に入って遊んでいたというが、今は部分的に天井が崩れて中に入ることはできない。入口から見ると、洞穴の内部に石組みがあり、左右の壁石の上に天井石がのっていて、古墳の石室のような構造である。ここに実際にイズモ兵が隠れ住んだかどうかはわからないが、隠れるにはちょうど良い大きさの洞穴である。「コマリ山」という地名も、イズモ兵が「隠って」住んだからついた名前なのかもしれない。

　キビ勢とイズモ兵の戦いは一進一退の攻防となり、両軍には多くの死傷者が出た。キビの軍勢はあとからも続々と押し

寄せたが、その地は山地で道が狭く、進むのに難渋した。

　一方、地形をよく知るイズモ兵は、山に隠れながらゲリラ戦で、キビ軍の弱い所を攻撃した。イズモ兵が大勢隠れていた山には、キビ軍が「鬼林山」という名前をつけた。

　鬼とは、「敵」の意味である。似たようなことは、第二次大戦の時にもあった。政府は敵国のアメリカやイギリスを、「鬼畜生」と国民に思わせた。そして、「打倒鬼畜米英」のスローガンを掲げて国民に唱えさせ、対抗心をかき立てた。

　キビツ彦たちは徐福に習って、夜に鬼林山の南の山に登り、星神を拝んだ。その名残で、その山には、「妙見山」（日南町南端）の名がついた。妙見とは、道教の星神信仰が仏教化されたものであった。

　キビツ彦兄弟の軍勢は、今度は西出雲王国軍を攻めて、じりじりと西に進んだ。矢戸（日南町）に達すると、そこの西方の宮内に本陣を敷いた。

　道を挟んで西に大キビツ彦が住み、東にワカタケキビツ彦が住んだ。その地には、のちにキビ勢の兵士が住み着き、社が建てられた。その社は、日野大社笹福大明神と称していたが、明治になって楽楽福神社と改称された。その社には、キビツ彦兄弟の館跡にそれぞれ東宮と西宮が鎮座していたが、現在は東宮に統合されている。

　キビ軍の別動隊は生山の北に進軍し、印賀（鳥取県日南町）に陣取った。そこは砂鉄の多い所であり、砂鉄の採れる谷には、「宝谷」の名前をつけた。すぐに製鉄の技術を持つ

兵士が、野ダタラでケラを造ったと伝わる。それを鉄に鍛えて使ったらしい。

　キビ勢はさらに大軍になって矢戸から北上して進み、出雲国境に到達する勢いになった。兵士たちは阿毘縁(あびれ)の地に溢(あふ)れるほどに群がった。万才峠を越えれば、もうそこは奥出雲であった。キビツ彦兄弟の狙いは、奥出雲で採れる鉄であった。

　それらの地方は南出雲ともいい、神門臣家の領地であった。南出雲山地には、花崗岩が風化した地質が多い。その真砂に砂鉄が混じっている地域がある。奥出雲は、真砂砂鉄の産地であった。そこの砂鉄は、不純物のリンと硫黄が少なく、チタン含有率も１～２％に過ぎない。そのため、和国内でもっとも良質な砂鉄であり、古代に行われた低温精錬にもっとも適していた。

　船通山の北を通り、斐伊川沿いに三成を占領した。そこからは斐伊川沿岸のキスキ（木次）に突き進んだ。戦いのあと斐伊川の流域には、キビ勢の兵士がそのまま住みついた。キビ勢の兵士は飯石川の流域にも住んだ。飯石神社の境内にある神社では、キビツ彦が祀られている。つまり、飯石川流域の七ヶ村に住んだ人々はキビ勢の子孫で、キビツ彦を尊敬していたものと考えられる。キビツ彦を祭る神社の社記には「キビツ彦は仁多郡を経てこの地に滞在した」と書かれている。

　下流の三刀屋に行けば、そこには西出雲王・神門臣家の神

門があった。三刀屋川と斐伊川が合流する場所には、城名樋山がある。『出雲国風土記』の大原郡に、記事がある。

　　天下を造られた大神・大穴持（大名持）命が、外敵を
　　討とうとして城をつくった。だから、城名樋山という。

城名樋山からは、眼下に迫る敵をよく見渡すことができる。山の南の里方で大激戦があった。神戸臣家の部下の多くの豪族が戦死した。里方の岡には、かれらの古墳が造られた。それは、中山古墳群と呼ばれている。西出雲王国軍は、そこでキビ勢を食い止めきれなかった。キビ勢はさらに北上し、大原郡の赤川に達した。

この時点で西出雲王国は、降伏を決意した。そこに駐留したキビ軍は、ヤマトの「加茂」から連れてきた兵士たちであった。彼らは出雲からヤマトに進出した人々であった。停戦後かれらはこの地に住み着いた。彼らは、言わば「里帰り」であった。その地方は、のちに加茂町となった。

降伏を申し出る前に銅鐸・銅剣祭祀を完全に中止する方針を決めた。銅器を渡すようキビ王国から要求される恐れがあったので、より大事に思っていた銅鐸を埋納し、銅剣の方を溶かして青銅のインゴットとして敵に差し出すことにした。

神器である銅鐸を埋納することは、祖先神・サイノカミの別の姿である「クナトノ大神」に捧げることであり、境を守って貰う意味もあった。西出雲王国の最後の防衛線が、簸川郡神庭斎谷と大原郡加茂神原の岩倉との間の大黒山を結ぶ山地であった。その場所を「境の神」に守って貰う必要があっ

た。西出雲王国軍は、その防衛線を死守する覚悟であった。

　それで、神原の郷の岩倉（島根県雲南市加茂町岩倉）の地に、銅鐸を埋納することになった。神門臣家と豪族たちは、銅鐸を運び集めた。残されていた銅鐸は神門臣家は14個、豪族たちが25個で、合わせて39個であった。神門臣家所有の銅鐸には、神庭斎谷に埋納された富家の銅剣と同じように、王家の紋章を表す×印がタガネで刻まれた。これは、あとで掘り返して使いたいという気持ちの表れであった。

　神門臣王家の紋章「竜鱗枠に剣花菱」には、剣で×印が表現されている。それは、富王家の「銅矛交差紋」と同じく、サイノカミ信仰の聖なるシンボルであった。かれらが尊重していた×印は、のちに出雲王家の四隅突出古墳の形として表れた。

　銅鐸を埋納した岩倉の谷の入口には、巨大な岩があった。それが由来となって、岩倉の地名がついた。

　この磐座には、男神が宿ると考えられていた。そして、谷間の最奥に、女神に相当する銅鐸が埋納された。この両神に祈ると子宝に恵まれる、という古代の信仰が両神の位置関係にも表れていた。

　この磐座は今も鎮座し、案内板には、次のような地元の伝承が書かれている。

　　この岩は宝の隠し場所になっており、大岩の下には金の鶏がいて、一年に一度だけ大晦日の夜に鳴き、それを聞いた者は宝を得ることができるが、それを他人には話

してはならないという。
『出雲国風土記』の神原の郷にも、次のような宝の話が書かれた。

> 古老が伝えて言うには、天下を造られた大神（大名持）が、御宝を積み置きになった場所である。だから、神宝の郷と言うべきなのに、今の人はまだ間違って「神原の郷」と呼んでいる。

この地から1996年に、銅鐸39個が発掘された。「たくさんの宝を埋めた」という伝説が、史実であったことが明らかとなった。そこは、加茂岩倉遺跡と名づけられた。それらの銅鐸は、低い丘の急斜面に浅く埋められていた。

発見された銅鐸群には、同じ鋳型で作られた銅鐸（兄弟銅鐸）が多く見られた。兄弟銅鐸は、徳島県や兵庫県から見つかっている。それらは出雲王国との友好の証であり、その地域がもともと出雲王国の範囲であったことを示している。

加茂岩倉遺跡の銅鐸は「聞く銅鐸」と言われるもので、祭りのときに鳴らす祭器であった。銅鐸には、つがいのシカや鳥、弓を持つ人が描かれ、また臼で穀物を突く絵がある。それで、狩猟の成功や五穀豊穣を祈る祭りに使われたと考えられる。

その中の29号銅鐸には、鰭（ひれ）の部分にサイノカミの主神・クナトノ大神の顔（図54）が描かれていて、その顔が外をにらむような向きに埋められていた。その場所を、クナトノ大神に守って貰うという意味があった。

八雲本陣記念財団所有の銅鐸にも、クナトノ大神の目と眉毛が描かれていた。倉敷市の上東遺跡出土の弥生土器にも、クナトノ大神の顔が描かれていた。これらは、サイノカミ信仰が弥生時代に盛んであったことを示している。

図54　クナトノ大神（銅鐸のヒレ）

　西出雲王国は銅鐸を埋納したあと、キビ勢に青銅のインゴットを差し出し降伏を申し出た。そのころキビ勢の中には、戦い続きの野宿に疲れ、キビ国に帰りたがる兵士が増えていた。また死傷者が多く出たので、キビツ彦兄弟は戦いを継続すべきか迷っていた。そのため双方の思惑が一致し、和議が結ばれることになった。

　キビ勢による奥出雲（仁多の郡）の占領はまぬがれた。その土地は斐伊川の上流で、良質な砂鉄が採れる場所であった。そこには鳥上山があり、今でも砂鉄が採集されている。日刀保たたら（奥出雲町横田）では、この砂鉄を精錬して、日本刀用の良質の鋼を作っている。鳥上山の付近には、古代の野ダタラ跡も多く見つかっている。

キビツ彦兄弟が鳥上山に向かって攻めてきたことは、『古事記』ではスサノオのヤマタノオロチ退治の話として書かれている。キビツ彦兄弟は徐福の子孫であったので、徐福の化身のスサノオの話に変えられた。

　　出雲国の肥の川（斐伊川）の河上に、鳥上という所がある。そこにヤマタノオロチが来る。体には、八つの頭と八つの尻尾がある。その長い胴体は、八つの尾根と八つの谷に伸びている。…

　　スサノオは、八つの酒船を並べて置いた。そこにオロチが来て八つの首で飲み、酔っ払って寝込んだ。スサノオはオロチの胴体を剣で切り散らした。すると、尾の中から大刀が現れた。…

　奥出雲を流れる斐伊川には８本の支流があり、大蛇の胴体のように谷間をくねって流れている。斐伊川の本流沿いのイズモ族はオロチの胴体に例えられ、各支流沿いのイズモ族は８本の首に例えられた。

　オロチの尾から大刀が出てくるのは、そこが砂鉄の大産地であることを示している。またオロチは、出雲の竜蛇信仰も例えている。８は、サイノカミ信仰の聖数でもあった。

　紀元前に徐福集団は、出雲でワラヘビを切って回ったので、神話のオロチもスサノオに切られた。

　シナの神話には、古い英雄の舜(しゅん)の変化である竜に、競争相手が強い酒を飲ませて殺そうとした話がある。また、相柳(そうりゅう)という怪竜の話もある。相柳は緑色の大蛇で、頭が九つ

あり、人間の顔を持っていた。そのよだれが臭くて、人々が困った。そこで禹という人が退治した。これらの神話は、紀元前4世紀の本『孟子』に書かれていたので、徐福も知っていた。そのため徐福は、蛇を嫌っていたらしい。

　これらのシナの神話は、『古事記』の書かれた時代には日本に伝わっていたので、ヤマタノオロチの話に組み込まれた可能性がある。

　キビツ彦兄弟が鳥上山を目指した史実を、『古事記』では徐福がシナから上陸した話に変えられた。その影響で、紀元前に徐福（スサノオ）が船で石見地方に着いた故事にちなんで、鳥上山のことを「船通山」と呼ぶようになった。

　キビツ彦兄弟は青銅のインゴットを西出雲王国から受け取り、満足して吉備の中山に凱旋した。大キビツ彦と若タケキビツ彦は、キビの中山の東西にそれぞれの館を建てて本拠地とした。キビツ彦兄弟はキビ王国の成立を宣言し、国の強化をはかった。そして、キビ王国とモノノベ王国の2国が対立する時代となった。

　キビツ彦兄弟が亡くなったあと、かれらの館跡には社が建てられた。現在、吉備の中山を中心として、西には吉備津神社、東には吉備津彦神社が鎮座している。

　キビ王国は、青銅のインゴットで出雲形銅剣を真似た平形銅剣を造り、王国のシンボルとした。出雲の中細型C類とは

異なり、剣身が銅矛のように幅広く、両脇にトゲ状の突起がついたものであった。

　キビ王国は領土の範囲を広げるため、平型銅剣を配って味方に引き入れた。平型銅剣が出土する範囲は、淡路島西部から国東半島に及ぶ瀬戸内海沿岸のすべての地域である。そこがキビ王国の勢力範囲であった。

　キビ国の倉敷市由加山から出土した平形銅剣には、連続渦文と綾杉文が描かれていた。それらは、銅鐸でよく使われる文様であった。これは磯城王朝の銅鐸祭祀の思想が、キビ国の平形銅剣にも受け継がれていたことを示している。

　和議が結ばれてからあとは、出雲王国時代の後期に区分される。後期の初め、キビ王国と出雲王国との間は、しばらく平和が続いた。

6．キビの楯築王陵

　古墳は、一般には３世紀中頃にヤマトで初めてつくられたとされている。しかし史実では、２世紀後半にキビ国につくられた楯築古墳（倉敷市日畑西山）が、最初の古墳であった。

　当時、権力者は先祖の墓をつくる習慣があった。楯築古墳は、その形の持つ意味やつくられた時期を考えると、キビツ彦兄弟が、父君・フトニ大王のためにつくった古墳である可能性が大きい。フトニ大王の小さい墳墓はすでに伯耆地方に

つくられていたが、あとで遺体がキビ国に移されたものと考えられる。

　この古墳の埋葬部からは、歯の一部が見つかっている。遺体は木棺に納められ、当時の貴重品であった大量の朱が棺の底に敷かれていた。また副葬品として豊富な量の玉類と、当時としては大型の鉄剣が見つかったことから、埋葬された人物が絶大な政治的権力を有していたことがわかる。

　楯築古墳（図55）は、中心は直径約40メートルの円墳であるが、そこから二方向にそれぞれ約20メートルの長方形の突出があった。これは双方突出円墳と呼ばれており、道教の思想の影響を受けているものと考えられる。

　道教では、海中の蓬莱島（古代の和国）に仙人が住む、との考えがあった。和国には茅葺きの円形の竪穴式住居があり、突出した出入り口があるので、上から見ると壺の形をしていた。その中に

図55　楯築王陵（倉敷市日畑西山）

第十二章　フトニ大君のキビ王国

長寿の老人が住んでいたので、和国に来たシナ人がその老人を仙人であると考えたらしい。古代の和国では半年を1年と数えていたので、シナ人が和国の老人の年齢を聞いて、非常に長寿であると勘違いしたのかもしれない。その話が道教に取り入れられ、「仙人は蓬の壺に住む」という説明がおこなわれたものと考えられる。その話がさらに変化して、壺には複数の口があると考えられるようになった。

　シナ・山東省の沂南武氏墓の墓門には、道教の思想が描かれている。そこには仙人の王として、左のコンロン山上には西王母が、右の蓬莱山上には東王父（図56）が描かれている。二つの聖山は壺の形をしている。その壺には、三つの口がある。

　フトニ大王の父君・オシヒト大王がシナに渡ったときに、その壺の絵を直接目にしたのかもしれない。

　楯築王陵は、この壺の形を真似したらしい。三つの口を二つにして、円墳の両側から突出させた形となっている。この古墳が、のちの方突円墳（前方後円墳）の先駆けであった。つまり、方突円墳も道

図56　武氏祠（東王父）

教の思想でつくられたものであった。そのことを示すように後世の方突円墳には、ホウライ山古墳と呼ばれるものもある。

　この古墳は「円」の部分が子宮で、「方」の部分が産道を表すという意味もあるらしい。つまり、被葬者がまた生まれ変わることを願ってつくられたものということになる。

　楯築王陵の円墳の頂上中央部には5個の大岩（口絵9）があり、中央の岩の周りに4個の岩が東西南北方向に配置されている。

　道教では「中央の嵩山（すうざん）と、その東西南北の山を合わせた所に神仙が住む」という考えがあり、その聖山を岩で示したものである可能性が高い。ちなみに、松江市上東川津町にも嵩山（すうざん）があり、その山頂には布自伎美（ふじきみ）神社が鎮座する。そこは、『私製出雲風土記』にも書かれている古い社である。「フジキミ」とは「不死君」であり、道教の仙人のことを示す。つまり、この山の名は道教の思想によって名づけられたことがわかる。

　あるいは楯築王陵の東西南北の岩には、それぞれ古代シナの四神である青龍（東）・白虎（西）・朱雀（南）・玄武（北）が祀られたものかもしれない。中心の岩には現在

図57　弧帯文石（楯築古墳）

第十二章　フトニ大君のキビ王国

は石祠が据えられており、以前はそこに通称「亀石」と呼ばれる御神体石（図57）が存在した。その御神体石は、すぐ近くの楯築神社に移されて祀られている。

　その石は、大きさが約90センチメートル四方、厚さが約30センチメートルで、奇妙な模様が刻まれている。長円形の窪みの中に一本の線が描かれている。その長円形の回りを、うねるように帯状の模様が取り囲んでいる。これらの模様は、弧帯文と呼ばれている。

　この古墳の被葬者の棺桶の上からは、御神体石と同じ模様の約8分の1の石が、バラバラに壊された状態で見つかっている。

　またこの古墳からは、特殊器台と呼ばれる土器の破片が見つかっている。それには、やはり弧帯文が刻まれていた。

　この特殊器台は、沂南画像石墓に描かれた壺の中で、長方形突出部の形を真似して作られたものと考えられる。同じ場所からは、脚付き壺が数10個見つかったが、その壺の上部も筒状になっていた。

　特殊器台に乗せられた特殊壺も出土した。この壺には食べ物が入れられ、器台に乗せられて古墳に供えられたものと考えられる。

　楯築王陵の特殊器台には弧帯文はな

図58　特殊器台

291

かったが、次の時代の特殊器台には、弧帯文が描かれた。特殊器台（図58）は、弧帯の模様が少しずつ変化しながら使われ、最後は円筒埴輪に発展した。

楯築王陵の葬儀に参列した豪族たちは、郷里に帰ると同じような方突円墳を造った。そのため、もっとも古い時代の方突円墳はキビ地方や四国に存在する。

兵庫県たつの市の養久山(やくやま)古墳群には、楯築王陵と同じく二方向に方突部がある5号墳や、一方向の方突部を持つ1号墳がある。一方向の方突部を持つ方突円墳は、数多くつくられた。阿波地方では、積石塚と呼ばれる形式の萩原(はぎわら)1、2号墳（徳島県鳴門市）がつくられた。萩原古墳から近い黒谷川郡(くろだにがわこう)頭(ず)遺跡（徳島県板野郡板野町）や矢野遺跡（徳島県徳島市国府町）では、弧帯文の描かれた土器が出土しており、阿波地方がキビ国とつながりがあったことがわかる。

キビ国の楯築王陵は日本の古墳の元であり、磯城大君家の最初の古墳でもあった。そのため古墳の発祥地は、キビ国であると言うことができる。ところが、その古代史上重要な楯築古墳の一方の突出部は、大変残念なことに団地造成のために壊されてしまっている。

7．出雲の四隅突出方墳

キビ国で楯築王陵が造られる前から、出雲王国では四隅突出方墳という独特の形の墳墓が造られていた。この墓は四方

に突出部があるもので、四角と×印が組み合わさった形になっている。

　×印は、女神と男神の体が重なり得られる、「生命創造」の尊い働きを示している。世界各地の古墳にも、×印の絵や浮き彫りが見られる。墓に使われる×印は、生命の再生を祈る形であると言われている。

　古代には多くの国で、善人は死後再生すると信じられていた。それは、古代エジプトのパピルス文書にも書かれている。死後ミイラにして墓に安置して置くと、数百から数千年後に生まれ変わると考えられていた。

　エジプトのピラミッドは正方錐形であり、それを上空から見ると稜線が×印に見える。生命を与えるのは太陽神の役割であると考えられていたので、×印を太陽神が見ると、新しい命を与えてくれると古代人は信じていた。

　イズモ族のサイノカミ信仰でも、同じように考えられていた。それでその×印を強調するために、墓の四隅に突出部をつくったと伝えられている。この形の墳墓は、広島県三次地方でつくられ始め、出雲・伯耆地方へ広まった。妻木晩田遺跡にも四隅突出方墳があるが、一辺２メートルほどの子供用の小さい墓にも四隅に突出部があった。すなわち突出部が、古墳への上り口でないことは明らかであった。

　キビ勢と出雲王国との戦いのあと、出雲では銅鐸祭祀をやめて、出雲王の大型の四隅突出方墳を積極的に造ることにな

った。

　外敵の侵入路の斐伊川を先祖霊に守ってもらうという考えから、西出雲王・郷戸家は、斐伊川の左岸・西谷（出雲市大津町）に墳墓を築いた。

　ここは古代には、サルタ彦大神の隠る鼻高山の遥拝地でもあった。生命再生のためには、太陽神に×印を見せるだけでなく、サイノカミの若い交合の神・サルタ彦大神に見せる方がさらに良いと考えられていた。それで、墳墓の地に西谷が選ばれた。

　この西谷は昔は「サイダニ」と呼ばれていたが、現在は「ニシダニ」と呼ばれている。もともとはサイノカミの鼻高山を拝む聖地として、「サイダニ（斎谷、または幸谷）」と呼ばれていたものと考えられる。

　西谷墳墓群の９号墓の上には、昭和になってから三谷（みたに）神社が移された。その社には、郷戸家の「竜鱗枠（りゅうりんわく）に剣花菱」の紋章が飾られている。この紋章が出雲大社で使われていることは、出雲大社の神霊が郷戸家の社から移されたことを示している。エジプトに王家の谷があるように、西谷は西出雲王家の墓所となった。西谷には、出雲王国時代に、王と親族の27基の墳墓がつくられた。その中には６基の四隅突出方墳があり、妻木晩田遺跡のものよりも規模が大きくなっている。特にそのうちの４基は王墓にふさわしい大きさであり、西暦200年前後の数十年間に、３号→２号→４号→９号の順につくられたと考えられている。最大の９号墓は、大きさが

約62メートル×55メートル、高さは5メートルにもなる。これらは、大きさから言っても古墳に匹敵する。したがって、西谷墳墓群は、日本における初期の古墳群と言っても過言ではない。

そこの3号墳（口絵10）を発掘調査すると、それはまさしく王墓の様相を示していた。大きさは約52メートル×42メートルで当時としては最大級であり、斜面に置かれた石の数は2万～3万個にのぼった。

埋葬部分は、大きな穴の底に二重の棺を納めるという、入念な造りになっていた。その棺の内側には、赤い水銀朱がぬられていた。

古代人は、生きた血の色と同じ赤色を、命の色であると感じていた。また、赤は女の聖なる出産力の色だと考えた。水銀朱を使うのは、死者の魂が赤子の体に乗り移って生まれ変わるように、祈るためであったという。そのため、朱を遺体の周りに敷き詰めたと言われる。

出雲王の死に際して、水銀朱を使う習わしは、その子孫の家では、江戸時代まで続いていた。遺体の口に木の皮製の漏斗を使って水銀朱を流しこむと、水銀の殺菌力により遺体は腐らず、古墳造成の期間中も悪臭がしなかった。この処置は、古代の豪族家の場合には、遠隔地から歩いてくる縁者に備えるためであった。そして、遠隔地から時間をかけて到着する参列者が、重要人物の死顔を拝み終えるまで葬儀は続けられた。この長い期間の葬儀方法を喪狩（「喪」は葬式、

「狩(かり)」はある目的で遠出すること）と言った。または、現墓(あらき)（死者の顔が墓から現れること）とも言った。

のちの古墳時代の後期に石室が横穴式に変わったのは、モガリのときに石棺の近くで拝顔するためであった。そのため出雲の古墳の中には、家型石棺に窓がつくられている形がある。これは、石棺を閉じた後も、弔問客(ちょうもん)が死に顔を拝むためであった。また、石室の遺体の骨のまわりに朱が残っている場合は、この葬法によるものであった。

西谷3号墳では、主体部の棺を置いて埋めたあと、その上に4本の巨柱を用いた施設が建てられていたことがわかっている。柱に囲まれた棺の上にあたる場所には、朱のついた丸い石が御神体のように置かれており、丸石のまわりには砂利が敷かれていた。モガリのときに、参列者は御神体石を遺体の代わりに拝んでいたものと考えられている。

またこの古墳からは土器が合計300個以上も出土し、墓上での儀式に使われたものと考えられている。それらは出雲の土器以外に、キビ（岡山県南部）から運ばれたものや、コシ（北陸地方）の特徴を持つものもあった。

その時期は出雲王国の後期であったから、王国の範囲はすでに狭まっていたが、出雲王国につながりのある各地方から代表がはるばる集まって、葬儀をおこなっていたことが明らかになった。その中には、和睦したキビ王国からの参列者もあった。

当時は、地元でつくった壺を、参列者が持ってくる習わし

があった。参列者は壺に土産を入れて訪れ、墳墓の上に供えたものと考えられる。キビの土器の中には、特殊器台もあった。これにより、西谷3号墳は楯築古墳よりあとに、ほぼ同時期に造られたことが明らかになった。棺内部に水銀朱を使い、棺の上に御神体石を置くという点でも、キビと出雲の古墳のつくり方は似ていた。

のちに出雲王国が滅亡すると、四隅突出方墳は次第に少なくなり、つくられなくなった。その形式は出雲王国だけのもの、という意識があったらしい。代わりに、旧出雲王の勢力圏では方墳がつくられた。出雲はキビとともに古墳の発祥地である、という誇りがイズモ族にはあった。だから、方突円墳が普及するようになってからも、古代出雲王と血縁のあった豪族は、方墳をつくり続けた。それは、日本最初の王国の誇りを、忘れないようにするためでもあった。

東出雲王・富家では、東から攻めてくる敵を防ぐために、安来市荒島(やすき あらしま)の丘に祖先の古墳群をつくった。そこには、西谷古墳群と同時期の仲仙寺古墳群がある。その付近は、王国末期にかけて四隅突出方墳や方墳がつくられ、「王陵の丘」と呼ばれている。

富王家の分家は北陸地方に進出したので、そこにも四隅突出方墳がつくられた。富山県富山市婦中町の富崎1号墳は四隅突出方墳であるので、富家の分家の古墳であると考えられる。富崎の地名も、富家にちなむものであった。富崎の近くの越中国射水(いみず)郡は、のちに富家の親族の伊弥頭国造の支配地

となった。
　また、福井県福井市小羽町の小羽山(おばやま)古墳群にも、富家の分家の3基の四隅突出方墳がある。その中の30号墓からは、鉄の短剣や管玉などが出土している。当時それらは貴重品であったので、この古墳が有力者の墓であったことがわかる。
　ところで3世紀に、タカクラジの子孫の武内宿祢大田根という人が富家と血縁関係を結んだ。かれの子孫の1人は蘇我氏を名のり、越前国三国(福井県)国造となった。
　富家は蘇我家と長く親戚付き合いを続けた。それで、王陵の丘(安来市荒島)の富家の古墳造成に、蘇我家が協力してくれた。
　その王陵の丘の大成(おおなり)古墳からは、三角縁神獣鏡と素環頭太刀が出土した。また造山(つくりやま)1号墳からも、三角縁神獣鏡が出土した。これらの三角縁神獣鏡や素環頭太刀は、富家が武内宿祢大田根からもらった物であると考えられる。
　越前・蘇我家から出雲に派遣された人々は、飯梨(いいなし)川河口付近に住んだ。それで、そこには「越前」や「福井」の地名が残っている。その近くの飯梨(いいなし)岩船古墳(安来市岩船町)には、古墳造成を指揮した蘇我家関係者が葬られたらしい。その南方1キロメートルの地に、かれの屋敷があったらしく、そこには宗賀(そが)(蘇我)神社(現在は奈賀江神社)が建てられている。その社の東南1キロメートルの所には、かわらけ谷横穴墓群(安来市植田町)がある。そこから出土した双龍環頭太刀も、蘇我家関係者ゆかりの品であると考えられる。

第十三章　モモソ姫の太田遺跡

1．ヤマトの宗教戦争

　第一次モノノベ東征の後で、モノノベ勢がヤマト地方に侵入すると、宗教戦争が起きた。ヤマトの人々が銅鐸の祭りをすると、モノノベ勢が集団でおそって、銅鐸を壊してまわった。

　モノノベ勢は少しずつ勢力を拡大した。その影響で、ヤマトの豪族たちの内部に分裂が起き、ヤマト内部で争乱が起きた。

　フトニ大君がキビ国に去ったあと、磯城王家を継いだのはクニクルであった。クニクル（孝元）はモノノベ勢力と協力し、モノノベ氏の娘を妃として迎え、ヤマトの争乱を収めようとした。しかし、それはうまくいかず、磯城王家は権力を回復することができなかった。

　ヤマトの旧勢力とモノノベ勢との対立の原因の大部分は、宗教の違いであった。磯城王家と尾張家、登美家は、銅鐸をシンボルとするサイノカミ信仰であった。それに対しモノノベ勢は、鏡をシンボルとする道教神崇拝の信仰であった。

　モノノベ勢は、鏡を木にかけて祈る祭りをおこなった。ヤマトの人々にも、その祭りに参加するよう強制した。

　その祭りの様子が、『古語拾遺』の次の文で推察できる。
　　饒速日命（にぎはやひ）が宮廷内の物部をひきいて、矛と盾をつくり備えた。…天璽（あまつしるし）の鏡と剣を捧げ持って、正殿に供え、また曲玉をかけた。その供え物を並べて、大殿祭りの祝（のり）

詞(と)をとなえた。

この文の饒速日命とは、かれの子孫のモノノベ氏を示している。モノノベ氏は神殿を建てて、そこで祭りをおこなった。天璽の鏡とは、道教の神獣鏡のことである。

しかしモノノベ勢は、武力で勝ってもヤマトの民衆には支持されなかった。モノノベ勢が武力で攻めても、イズモ族は逃げるのみで、従わなかった。モノノベ勢に税を納めることもしなかった。逆にイズモ族は三輪山の祭りに参加し続けたので、その祭りは拡大を続けた。モノノベ勢の王・ウマシマジは、ヤマトで大王になることを望んだが、その願いは叶わなかった。

2．モモソ姫のマツリ

登美家の分家の太田タネヒコは、モノノベ勢の武力を利用して、登美本家（賀茂家）やフトニ大君をヤマトから追い出すのに成功した。そのあと、太田タネヒコが三輪山の祭主となった。三輪山を遥拝する祭りは、三輪山西方の太田家の領地で続けることになった。

ヤマトでは、モノノベ勢が侵入する前からサイノカミ信仰がさかんであった。春と秋におこなわれる大祭のときは、登美家の姫が代々姫巫女となり、三輪山にこもる太陽の女神を祀(まつ)っていた。登美家に姫がいない場合は、磯城家の姫が姫巫女になった。大君をはじめとしてヤマト中の豪族たちがそこ

に集まって、祭りに参加した。遠方から泊まりがけで参加する豪族たちもいた。

　初期のヤマト政権では、このような祭りを中心とした政治方式がとられていた。それで、政治のことを「マツリゴト」と呼んだ。古代では、祭祀の方が政務よりも上に見られていた。また母系家族制であったので、祭祀は女性によってとり行われた。だから、当時は姫巫女を中心とした政権であった。

　三輪山の祭主が太田家に変わると、モモソ姫が姫巫女に推挙された。記紀では、モモソ姫は大君の娘とされているが、出雲の旧家の伝承によれば、彼女は太田家の娘であった。モモソ姫は太田家の勢力を後ろ盾として、三輪山の祭りの司祭者となった。

　古代、司祭者は女性たちがつとめ、彼女たちはヒメミコ（姫巫女）と呼ばれた。シナの史書では、和人の名前を省略して記録することが多いので、『三国志』「魏書」に書かれたヒミコとは、ヒメミコの「メ」を省いた表記であると考えられる。

　姫巫女はいわば役職名であり、代々継がれていったので、歴史上には何人もの姫巫女がいた。それを１人の女性と考えてしまうと、歴史を誤って理解してしまう。

　さらに『三国志』「魏書」には、中華思想により「卑」という（軽蔑の漢字）を使って、「卑弥呼」と書かれた。日本人が自国の人物を蔑字で書くのは良くないので、この本では

カタカナでヒミコと書く。

『後漢書』「東夷伝」には、「桓帝・霊帝の頃（146〜189年）に和国内で大乱がおこり互いに攻め合って、何年もの間、統一した君主がいなかった」と書かれている。それは、ヤマト国内の豪族たちの覇権争いや、ヤマト（フトニ王）勢の吉備・出雲侵攻、および、第一次モノノベ東征が長期的に連続して起こったことを示している。

『三国志』「魏書」には、次のように書かれている。

　　その国（和国）は、もとは男を王としていた。男が王となっていたのは70〜80年間であったが、国は乱れて攻め合いが何年も続いた。

この男王が治めた70〜80年間とは、アマベ王朝の初代と2代目の時代を示している。その後は磯城王朝の時代となり、大王の力は衰え、各豪族たちが覇権を争うようになった。

磯城王朝時代は王・巫女制であり、政務を担当する男王よりも、むしろ三輪山祭祀の姫巫女の方が、民衆の尊敬を集めていた。

政権中枢では、「政治のミカド」と「神のミカド」が両立し、国を治めるためにどちらも必要なものとされた。「政治のミカド」で決定された政策は、「神のミカド」で「吉」の占い結果が得られなければ、実行されなかった。そのため古代の政治は、「マツリゴト」と呼ばれた。国の行事は、税を

集める政治より、神祭りの方の規模が大きかった。政務を行う建物よりも、姫巫女の神殿の方が立派であった。

シナの史書家は、和国のこのような政治の様子を聞いて、「神のミカド」の姫巫女のことを女王であると考えたのであろう。

『三国志』「魏書」には、次のように書かれている。

> そこでついに、一人の女性（モモソ姫）を選んで女王とし、ヒミコと名づけた。神霊に通じた巫女で、神託により国を治め、人々を心服させた。年をとっても夫を持たず、弟がいてマツリゴトを補佐した。王となってから、面会する者は少なく、侍女千人をはべらせていた。ただ男子一人がいて、飲食物を運んだり、言葉を伝えたりするため、居処に出入りしていた。

この姫巫女・モモソ姫は、『三国志』「魏書」に書かれた第１のヒミコであった。魏国に朝貢し金印を与えられたのは第２のヒミコで、モモソ姫よりあとの時代の宇佐神宮の姫巫女であった。魏国はこの２人を同一人物と誤解してしまったらしい。

なお、『三国志』「魏書」にかかれたモモソ姫の国は「ヤマト（邪馬台）国」であるが、のちに魏に朝貢した九州の女王国と同じ国であるかのように書かれた。この本ではその二つの国を区別するために、九州の女王国の方を「ヤマタイ国」と呼ぶことにする。（勝友彦著『魏志和国の都』参照）

『梁書』「和伝」では、後漢の霊帝の光和年間（178〜183年）中に和国が乱れ、ヒミコを立てて王とした、と書かれている。ここに書かれた姫巫女は、モモソ姫のことであった。

　太田タネヒコは、モモソ姫の弟であったものと考えられる。そしてかれは、モモソ姫の世話をした。それは、古代の母系家族制における、女性優位の家族形態そのものであった。その様子が、上記のように『三国志』「魏書」に書かれた。

　モモソ姫が「女王」と書かれた理由として、ヤマトで権力者となった太田家の支援を受けていた影響が大きかった。モモソ姫の時代は、磯城王家の「政治のミカド」よりも太田家の「神のミカド」の方の実力が上となり、モモソ姫は実質上の女王のような存在であったものと考えられる。

3．太田遺跡と外出系土器

　姫巫女がおこなう大祭の前後の期間には、参加する豪族たちが三輪山麓の扇状地・太田（桜井市太田）に宿舎（縦穴住居）を建てて、泊まるようになった。

　太田の地は、三輪山の祭主・太田家の領地であった。当主の太田タネヒコは、出雲王国とも親しく、郷戸家から美気姫を奥方に迎えた。「太田」の地名（図59）は、かれの名前にちなんでいる。

　太田の地には、石塚・勝山・矢塚などの小型の古墳群がつ

第十三章　モモソ姫の太田遺跡

図59　モモソ姫の太田遺跡（三輪大君の領地）

くられた。太田遺跡にあるこれらの初期の古墳は、太田家がつくったものと考えられる。これらの古墳は、さほど大きくはない。これらがつくられた時代は、ヤマトで戦乱が続きやや収まったころであったので、大きな古墳をつくる余裕がなかったものと考えられる

　それらは方突円墳（前方後円墳）だが、太田家の親戚のキビ王家の古墳と同じ形であった。

　その中で最も古い石塚古墳の、周濠から出土した木製品の年輪年代は177年であった。周濠からは、キビの古墳で見つかる特殊器台の宮山型に似た模様を持つ弧文円板の破片が出土した。すなわち太田の古墳は、キビ国の初期古墳の影響を受けて造られたことが判明している。

　勝山古墳も、出土した土器により２世紀末に造られたと考

えられている。ここからは、朱塗りの板切れも多数出土している。古墳の葬儀に朱が使われるのは、キビの楯築古墳や出雲の西谷古墳の葬儀方法との共通性が考えられる。

　太田は、三輪山祭祀の姫巫女の住む所とされていた。モモソ姫も太田家の支援を受けて、その地に住んだ。モモソ姫は、その地で大祭をおこなった。

　ヤマトの民衆は、武力による戦いを好まなかった。それでモノノベ勢の武力よりも、モモソ姫の宗教力の方に民衆の尊敬が集まるようになった。そして、モノノベ勢と磯城王朝との抗争は次第に収まり、ヤマトに平和が訪れた。

　モモソ姫の宗教力によって、ヤマト中心の政権力が回復したと言っても過言ではなかった。その平和な時代のことを、「モモソ姫の平和」と人々は呼んだ。

　そして、モモソ姫の祭りのために大神殿が建てられ、新しい町ができた。神殿での祭りは、モノノベ勢の祭具の鏡を取り入れた形になっていた。

　榊を根から抜き取って、枝に鏡をつけた。丸い鏡は、太陽の女神の御神体とされた。出雲のサイノカミ信仰では、丸い形は女神という考えがあった。そして、相対する男神として、男のシンボルの「根」が揃っていなければならない、と考えた。鏡は裏面の光る方が参拝者に向けられた。

　太田タネヒコによってヤマトに連れて来られたモノノベ勢力は、三輪山の太陽神信仰に飲み込まれてしまった。そのため第一次モノノベ東征は、失敗に終わったと言うべきであっ

第十三章　モモソ姫の太田遺跡

た。

　その結果、モノノベ勢は半数近くが九州へ帰っていった。そして、のちに太陽信仰に対抗する月神信仰を掲げて、勢力を盛り返していくことになるが、その信仰の中心にいたのは宇佐神宮の姫巫女（第2のヒミコ）であった。その勢力はやがて、魏の後ろ盾を得てヤマトへ侵攻することになる（第二次モノノベ東征）。

　戦乱をさけてヤマトから各地に移住した豪族たちは、移住先でもヤマトの信仰を続けていた。ヤマトで戦乱が収まると、その豪族たちがヤマトの大祭に出席するため、土器に自分の地元の土産物を入れて、太田の地に集まった。ヤマトと同盟関係の国の豪族たちも、同じように集まるようになった。

　この大和川と巻向川に挟まれた太田の地が、近年発掘された。吉野ヶ里時代に巻向川から大和川にかけて数本の水路が掘られ、付近に村が発達していたことがわかった。

　また一辺が5メートルを越える、大型の建物の柱跡が見つかった。これは当時としては最大規模の建物であり、他の建物との並び方から考えても祭殿跡であると考えられた。

　この遺跡は、もともと「太田遺跡」と呼ばれていた。現在は巻向遺跡と名前が変えられたため、遺跡と地名の関係がわかりにくくなってしまったが、もともとこの地は古代は太田家の領地であり、「太田」という地名も領主名にちなんだものであった。この本では、この遺跡にふさわしい名前の「太

田遺跡」と呼ぶ。

　その大型建物跡の南側にあった穴から、約2700個の桃の種が見つかった。桃の実は、古代には魔よけの威力があると考えられていたので、祭祀に使われたあと硬い種だけが残ったものと考えられる。そのうちランダムに選んだ15個を放射性炭素年代測定法で調査したところ、西暦135〜230年という結果が得られた。その結果から、この遺跡はモモソ姫の神殿跡であった可能性が高いと考えられる。

　その遺跡の出土土器には珍しい特色があり、遠方で作られた土器が多く持ち込まれていた。それらの外出系土器は全体の15%に及び、他の遺跡に比べて非常に多い。またそれらの土器の中では、近江や伊勢・駿河など東海地方、関東地方の土器が6割もあった。これらの地域は、ヤマトから外へ移住したアベ勢力や、尾張勢力の地盤であった。

　ほかに瀬戸内を含めてキビ王国関係が1割あった。この地方は、ヤマトから外出移住したキビ王国関係者の地盤であった。そのほかには、親交のある出雲王国領の山陰や北陸の土器もあった。

　一方、九州の土器はほとんど見つからなかった。その理由は、太田家の勢力に圧倒されたモノノベ勢が、九州へ戻ったためであったと考えられる。

　『三国志』「魏書」には、その頃に魏の使節が訪問した北九州の伊都国の長官名は「爾支(にぎ)」であったと書かれている。これは、モノノベ氏の一族が、ニギハヤヒの「ニギ（饒）」を

名のったことを示している。当時、九州地方はモノノベ勢が支配していたので、伊都国もモノノベ勢の支配下に入っていたものと考えられる。

さらに『三国志』「魏書」には、魏の使節が訪問した北九州の国々は、女王国・ヤマタイ国の属国であると書かれている。前述したとおりヤマトの姫巫女・モモソ姫のほかに、九州にも宇佐神宮の姫巫女がいた。宇佐神宮の姫巫女はモノノベ氏と血縁関係を結び、モノノベ勢の中心者になった。だから伊都国は、宇佐神宮の姫巫女が支配するモノノベ王国の属国であったものと考えられる。つまり、魏に朝貢したヤマタイ国とは、モノノベ氏支配の日向の妻（投馬）国のことであった。

そのため、九州の土器が見つからない太田遺跡を、魏に朝貢したヤマタイ国と考えるのは誤りである。

4．太田家の大王陵

太田タネヒコは、モモソ姫の人気を利用して、モノノベ勢をヤマトから追い払うことにも成功した。出雲の旧家の伝承によれば、かれは大王に就任し、「三輪大君（みわ）」とも呼ばれたという。かれは、桜井茶臼山王陵（桜井市）に葬られたと伝わっている。

また太田タネヒコのあとには、かれの息子の大御食持（おおみけもち）も大王に就任し、「神部大王（みわべ）」と呼ばれたという。大御食持の

「御食(みけ)」は神に捧げる食事を意味しており、かれが三輪山の神を祭る御方であったことがわかる。また、かれは正式には、「津久帯兄命(つびたらしえのみこと)」という名であったという。名前の中に「帯(たらし)」が入っているということは、かれが大王であったことを示している。かれは、メスリ山王陵（桜井市）に葬られたと伝わっている。

桜井茶臼山王陵とメスリ山王陵は、三輪山を遥拝する鳥見山の麓につくられており、三輪山の祭主・太田家の古墳であった可能性が高い。それらはともに方突円墳で、墳丘長は200メートルを超える前期の大型古墳であり、大君級の墓と言うことができる。またそれらの副葬品についても、大王にふさわしい物が納められていた。

桜井茶臼山王陵は、竪穴式石室の上の方形壇が、二重口縁壺の列で囲まれていた。石室の内壁には、水銀朱が塗られていた。石室は盗掘されていたが、残された副葬品として、碧玉製の玉杖が4種あった。これは王の威儀具であり、指揮棒をかたどった物と考えられた。その上部には、中国の玉製葬具の眼玉に通じる玉葉がついた立派な物もあった。

青銅鏡は81面以上もあった。この数は日本一であり、盗掘されていなければその数はさらに多かったものと考えられる。その中には、「正始元年（240年）」の銘がある三角縁神獣鏡もあった。

武器は、鉄刀や、鉄・銅の矢尻があった。とくに鉄の矢尻は、同じ形式の物が75本以上あり、被葬者が武器を豊富に

所有していたことを示している。

　一方、メスリ山古墳の頂上には竪穴式石室があるが、やはり盗掘されていた。その石室の上には方形壇があり、2列以上の円筒埴輪で囲まれていた。その中には、高さ2メートル42センチの日本一大きな円筒埴輪が出土している。

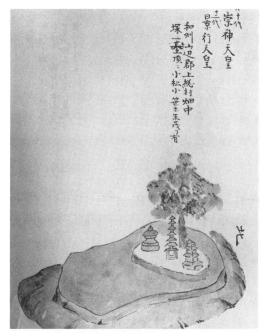

図60　古い崇神・景行古墳

　また、未盗掘の副石室も発見され、おびただしい数の遺物が確認された。そこには桜井茶臼山王陵と同じく、碧玉製玉杖が4本納められていた。また銅の矢尻が236本あり、鉄の槍先が212本あった。これは、被葬者が武力にも勝れていたことを示している。

　同時代とされる崇神・景行大王の古墳（図60）は、今とは別の所にあったと言われる。しかし真実の崇神陵と景行陵は、九州に存在する。崇神帝と景行帝の歴史は見直す必要がある。

5．モモソ姫の大円墳

　太田家は、その後数十年にわたりヤマトの平和を維持し、太田遺跡は拡大を続けた。

　モモソ姫が亡くなったとき、太田家は出雲地方から古墳づくりの技術者を呼んだ。そして、太田遺跡の端の大市(おおいち)に、モモソ姫の円墳（口絵11）を築き始めた。その古墳は、地名にちなんで「大市墓」（桜井市箸中）と呼ばれた。この本では、その墓を大市円墳と呼ぶ。

　この古墳づくりの様子が、『日本書紀』に書かれている。

　この墓は昼は人がつくり、夜は神がつくった。大坂山の石を運んでつくった。山から墓にいたるまで、人々が連なって手渡しにして運んだ。ときの人は歌って言った。

　　大坂に　継ぎ登れる　石群を
　　手ごしに越さば　越しかてむかも
　　（大坂山に、下から上まで連なる　たくさんの石を
　　手渡しして渡していけば、渡せるだろうかなあ）

　この文により出雲式の古墳づくりは、人が列をつくって並び、石を手渡しに運ぶやり方であったことがわかる。

　その方法は非常に効率的で、みるみるうちに大円墳ができ上がっていった。遠くから古墳の工事をながめていた人々は、作業がはやく進む理由がわからず、「夜は神様がつくっているのだろう」とうわさしあった。そのうわさ話が、上記のように『日本書紀』に記録された。

第十三章　モモソ姫の太田遺跡

　『播磨国風土記』の揖保(いいぼ)郡の立野(たつの)にも、出雲式の古墳づくりについて記されている。

　立野と名づけたわけは、むかしの土師(はじ)の弩美(どびの)(富)宿祢(すくね)が、出雲の国に行き来していて、日下部(くさかべ)の野に宿泊した。

　そこで病気になって死んだ。そのとき、出雲の国の人々がやってきて、連なって立ち、川の石を包んで手渡しに運び上げ、墓の山をつくった。

　だから立野と名づけた。その墓屋(はかや)を名づけて、出雲の墓屋(はかや)と呼んだ。

　この記事の弩美(どびの)(富)宿祢は、3世紀前半の東出雲王家の当主であった。かれは出雲王国が滅亡したあと、「野見宿祢(のみのすくね)」と名前を変えた。かれはイクメ(垂仁)大王の命令で、ヒボコの子孫のタジマ勢(但馬守(たじまもり))をヤマトから追い払ったが、その恨みを受けて立野(兵庫県たつの市)で毒殺された。そして、その地にかれの古墳がつくられた。かれの子孫の1人は、のちに土師(はじ)氏を名のり、出雲式の古墳づくりの方法を受け継いだ。

　モモソ姫の大古墳は、土師氏の時代より古い時代につくられた。しかし、古墳のつくり方は土師氏のやり方と同じであった。それで、大市(おおいち)古墳は「土師(はじ)墓」と呼ばれるようになった。

　モモソ姫の跡を継いだのは、やはり太田家出身の姫巫女であったものと考えられる。『日本書紀』には、ヤマト・トト姫という名の姫巫女が登場する。記紀では、このトト姫とモ

313

モソ姫の名を合わせて、「ヤマト・トト（ビ）・モモソ姫」という1人の姫巫女の名をつくった。その名の中には登美家の「トビ」も含まれており、この時代の姫巫女が登美家（太田家）出身であることを示しているものと考えられる。

　トト姫の名前からは、「ホト」を連想させられる。『日本書紀』では、その「ホト」と「土師墓」の言葉を使って、大市古墳の被葬者が箸でホトを突いて死ぬという話をつくった。それで、「箸墓」という奇妙な名前で呼ばれるようになったと説明している。記紀の作者は、大市円墳をトト姫の墓と見せかけたかったらしい。その理由の一つは、大君家に対してモモソ姫の権威を低く見せる目的があったものと考えられる。もう一つの理由は、記紀がつくられた時代は男性優位の社会になりつつあったので、女性優位の社会であったことを隠すためであったものと考えられる。

　大市古墳から見つかった土器に付着した炭化物を、放射性炭素年代測定法で調査したところ、A.D.240〜260年という結果が得られた。土器は古墳ができた後に持ち込まれたものと考えられるので、古墳の築造はそれ以前におこなわれたことになる。築造の年代については、今後のさらなる調査で解明されることを期待したい。

　また、大市古墳は、現在は方突円墳（前方後円墳）の形となっているが、寛政3年（1791年）に刊行された『大和名所図会』には、円墳であるように描かれた（図61）。この絵

第十三章　モモソ姫の太田遺跡

図61　古い大市古墳（円墳）

　図は、南西方向から北東方向に向かって描かれたものと考えられ、もし現在のように南西方向に伸びる方突部があれば、絵師が方突部の存在に気付かないということはありえない。ところが、方突部らしきものは全く描かれていない。先入観なしに素直にこの絵図を見れば、この時代には大市古墳は円墳の形をしていた、と考える方が自然である。
　同じ『大和名所図会』では、今の垂仁陵は方突円墳の姿に描かれており、大市古墳はそれとは異なる形状をしていたものと考えられる。

同じころの天明5年（1785年）に刊行された河村秀根の『日本書紀』の注釈書・『書紀集解』にも、大市古墳は円形の丘であったことが記録されている。

　安政4年（1857年）に谷森善臣が大市古墳を実見し、「めぐりの堀は皆埋みて田になしたる」と記録しているので、この時には古墳の周囲に現在のような大池は無かったものと考えられる。

　文久2年（1862年）からおこなわれた文久の修陵で、江戸幕府が天皇家の古墳をつくり変えており、大市円墳もその対象であった可能性がある。その頃の『文久山陵図草稿』に描かれた大市古墳は、現在と同じように古墳と大池が接して描かれている。つまり、谷森善臣の記録のあと、数年の内に大池の形が変わったことになる。この地方では、農業用のため池が多く必要とされたため、大池が拡張された可能性がある。そのときに、方突部に手が加えられた可能性も否定できない。

　だから、その方突部と大池がいつつくられたかについては、今後慎重に調査する必要がある。近年の考古学的な研究においては、中村一郎氏と笠野毅氏が大市古墳の土器の出土状況について、『大市墓の出土品』という記事で報告している。それによると、方突部と円墳部では出土品の種類に大きな違いがあり、方突部の方はもっぱら土師器の壺で占められていて、唯一の例外である特殊器台形の埴輪片も小さな破片にすぎず、しかも地表下10センチほどの表土層中からの出

土で、二次的な移動による混入が疑われるという。

また、方突部頂上の地表下約20センチのあたりに粗い葺石状の石があり、その上と下は軟らかい灰黒色の土であったという。古墳は、通常土をつき固めてつくられたので、軟らかい土があるという話には違和感を感じる。

一方、大市古墳の主要部である円墳部は、古代のままの姿である可能性が高い。また、そこからは特殊器台形の埴輪片や壷形埴輪片が出土し、その出土状況から古墳がつくられた時代のものと考えられるという。このことから太田遺跡の他の古墳と同じように、キビ式の古墳づくりの影響を受けていることがわかる。

また末永雅雄氏の『古墳の航空大観』によると、とくに円墳部頂の葺石は割石をもって厚く重ね、ほとんど石塚のような景観を呈し、樹木の生育さえも困難と思われたという。この記事により、円墳部がこの古墳の中で最も特別な場所であったことがわかる。

その円墳部の直径は約150メートルにおよび、それまでの古墳に比べ急激に大型化している。これは、その古墳がつくられた時代に社会情勢が大きく変化し、長期にわたる平和が訪れ、築造にかかる資金が潤沢に得られたことを示している。

当時は、政治を担当する大君よりも、祭祀を担当する姫巫女の方が実力が上であった。その姫巫女の中で、もっとも実力があったのはモモソ姫であった。つまり大市円墳は、ヤマ

トに長期的な平和をもたらし、多くの豪族の支持をあつめたモモソ姫にこそ、ふさわしい古墳であると考えられる。

　今のいわゆる崇神陵と景行陵は、太田王家の古墳である可能性が大きい。

　いわゆる前方後円墳という言葉は、幕末にできた。古くは「双子塚」と呼ばれていた。幕末の前方後円墳の言葉に合わせて天皇陵が改造された。

　古い双子塚はどこが前方かは決まっていなかった。例えば応仁陵は円墳の方に神社があり、円墳が前として拝まれていた。

　いわゆる前方後円墳の言葉は不正確であるので、「方突円墳」と呼ぶのが学問的である。

おわりに

　現代の歴史の研究者は、『古事記』・『日本書紀』が作られた背景に、様々な事情があったことを理解しなければならない。そして、偽りの話にだまされずに、正しい史実を見抜くことが重要である。

　日本史の重要な問題として、日本民族のルーツを知ることがある。これは次第に明らかになっている。

　徐福集団の渡来はシナの史書に書かれているが、記紀では隠された。しかし現代の史学では書くべき事柄だとされている。なぜならば彼らは、日本民族を形成した二大種族の一つだからである。

　そのもう一つの種族が出雲族であるが、この種族は中部インドからシベリア経由で日本に移住したことが確実な伝承で示されている。この種族を率いて来た人はクナト王であった。彼はサイノカミ信仰の教祖として史書に名を残している。

　日本民族形成の二大種族の指導者であった二人の名前は、日本史上最重要人物だと言うことができる。

　そして出雲王国の言葉が中心となって日本語ができたが、それはヤマト言葉と呼ばれている。また出雲族の家族制度は中世まで続いた。また祭政一致という社会制度は、出雲族の影響であった。

　一方の徐福族は優れた技術を和国に伝えた。吉野ヶ里式土器がその一つで他に青銅器文化を伝えた。銅鐸による祭祠や銅鉾や銅剣による政治力の誇示の政治力も大きな影響力があ

った。
　すなわち古代史上、出雲族と徐福族の渡来を知ることは不可欠の重要な意味があった。

巻末付録

1．出雲王国主王（大名持）系図

¹菅之八耳すが の や つ［八箇耳］ª⁻²八島土之身しの み ど［八嶋篠しの］ᵇ⁻

³兄八島土之身しゅ［八嶋手］ª⁻⁴布葉之文字巧為ふ は くすね ª⁻ᵇ⁻⁵深渕之水遣花やれ ª⁻

⁶臣津野おみ つ ぬ（国引主くにびき）ᵇ⁻⁷天之冬衣ふゆぎぬ ª⁻⁸八千矛（大国主）ᵇ⁻

⁹富鳥鳴海なる み（事代主長男）ª⁻¹⁰国押富 ª⁻¹¹速瓮之建沢谷地乃身はやみか たけさわ や ぢ ᵇ⁻

¹²瓮主彦みか ᵇ⁻¹³田干岸円味た ひ り ª⁻¹⁴身櫓波み ろ な み ᵇ⁻¹⁵布忍富取成身ぬのおし とりなる み ª⁻

¹⁶籏張大科戸箕ひばり しな ど み ª⁻¹⁷遠津山崎帯とおつ たらし ᵇ⁻⁽¹⁸⁾富大田彦（野見のみ・弩美宿祢ど み）ª

　数字は就任順。aは富家出身で、bは郷戸家出身。

　出雲王国は17代目のときに滅亡したので、18代目は主王になる予定だった人物を記載。

　この系図は、古事記と風土記、王家伝承などによる。

　［　］内の名前は、日本書紀の表記名。

2. 海部家系図(あまべ)

```
                    (郷戸家) 大屋姫
(高木) 栲幡千千姫(たくはたちぢ)  彦火明 ═╦═ 高倉下 (紀国造家)
                          ╠═ 五十猛 (大年彦・香語山)
          (郷戸家) 高照姫  ╠═ 海村雲 (初代大君)
          (物部家) 穂屋姫  ╠═ 海御蔭(みかげ) (大和宿祢)
                    伊加里姫 ╣
                    (富家) 豊水富姫 ┐
```

┌ 笠水彦(うけみず) ─ 笠津彦(うけつ) ─ 建田勢(たけたせ) ─ 建諸隅(たけもろずみ) ─ 大和得魂(やまとえたま) ─

└ 意富那比(おふなひ) ─ 小縫(おぬい) ─ 小登与(おとよ)

3. 尾張家系図(おわり)（尾張家は海部家と同族）

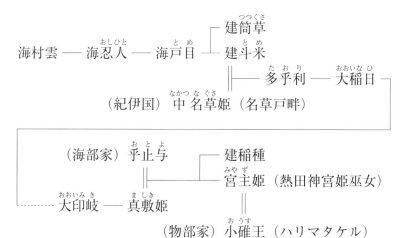

4. 磯城登美家(しきとびけ)・賀茂家・太田家系図

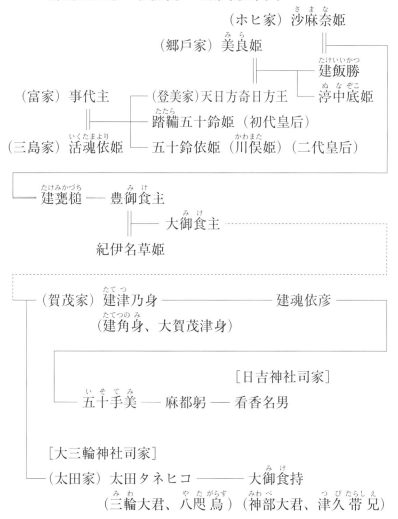

5．出雲王家と親族関係図

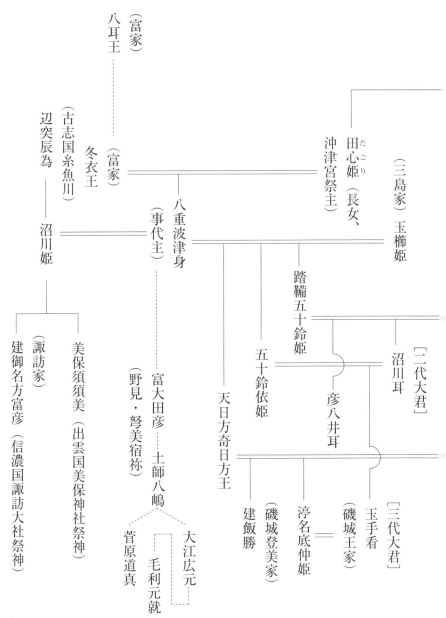

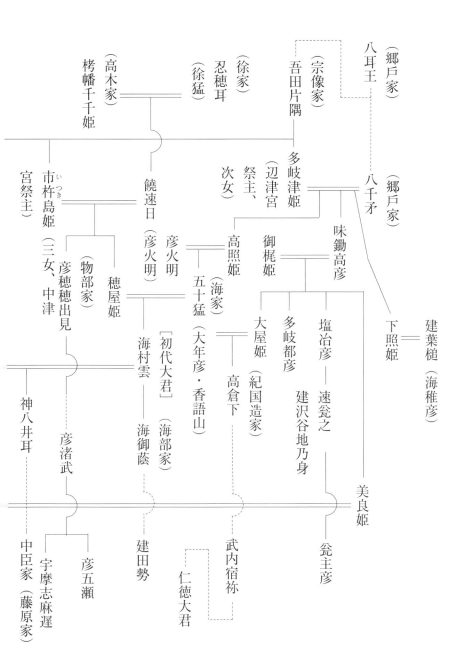

6.『丹後国風土記』(残欠) 現代語訳

　この国は昔、海火明(あまのほあかり)の神たちが現れた所である。ただし丹後国は、もとは丹波国と合わせて一つの国であった。日本根子天津御代(みしろ)豊国成姫(元明)天皇の御代に、詔(みことのり)によって丹波国の五郡が割(さか)れて、丹後国となった。

　丹波(たには)と名づけた訳は、むかし豊受の大神がこの国の伊去奈子(いざなご)岳に天降り坐(ま)したとき、海道姫命(みちひめのみこと)(大国主の姫君・高照姫の別名)らが大神に、五穀と桑蚕などの種をもとめ祈った。すると、(大神が)その岳に真名井を掘り、その水を水田や畑にそそぎ、それらの種をまいて下さった。

　それで秋は穀物の穂が、握れないほど多く、田に広々と実り、人々は幸せになった。

　大神はそれを御覧になり、大いに喜ばれた。「ああ、なんと良く植わった田庭よ」とおっしゃった後、高天原に登り帰られた。この言葉により、「田庭」の国名となった。丹波、旦波、但波のどの言葉も皆、多爾波(たには)と発音する。

　丹後国の大体の広さは、東西百十四里百三十歩で、南北が七十二里百十歩である。東は若狭国に隣接し、西は但馬国に隣接する。南は丹波国の隣で、北は海に接する。

　国中にある山や川・野・海の名、その産する禽獣(きんじゅう)・草木・魚亀など、ことごとく書くことはできない。ただし、その一つ二つを各郡の条に記す。(以下、虫食い)

　郡(こおり)は合わせて、五か所ある。

　加佐の郡(もとの字は笠)、与佐の郡(もとの字は匏)、丹波の郡(もとの字は田庭)、竹野の郡(今も前に同じ)、熊野

の郡（今も前に同じ）

　郷は合わせて、三十八里九十七　余戸二　神戸四

　神社は合わせて　百三十五座　六十五座に神祇官がいる。七十座には神祇官がいない。

　加佐の郡（郷は合わせて九　余戸一　神戸一里）（以下虫食い）

　志楽の郷（もとの字は領知）、高橋の郷（もとの字は高椅）、三宅の郷（今も前に同じ）、大内の郷（今も前に同じ）、田造の郷（今も前に同じ）、凡海の郷（今も前に同じ）、志託の郷（もとの字は荒蕪）、有道の郷（もとの字は蟻道）、川守の郷（今も前に同じ）、余戸、神戸神社（合わせて　三十五座）

　青葉社　天蔵社　山口坐祖母社　日尾月尾社　志束社　大倉木社　御田口社　河辺坐三宅社　鳴生葛嶋社　同将軍社杜坐弥加宜社　高田社　倭文社　砧倉社　手力男社　日原社　出雲社　伊加里姫社　笠水社　矢原社　息吹戸社　十二月栗社　石崎坐三輪社　凡海坐息津嶋社　凡海息津嶋瀬坐日子社　大川社　伍蔵社　布留社　船戸社　伊知布西社　麻良多社　水戸社　奈具社　神前社　気比社　劔社　阿良須社

　十一座には、神祇官がいる。

　加佐の郡

　加佐の郡は、もと笠の郡の字を用い、宇気乃己保利と読ん

だ。うけと読む訳は、むかし豊受の大神が田造の郷の矢原山に留まって、人民等その恩恵を受けた。それで、宇気と言う。笠の字一つで加佐と読む。いまの世に、誤って加佐乃己保利という。

　志楽の郷　もとの字は領知

　志楽と名づけた理由は、昔、少名彦命と大穴持（大名持）命が、治める天下を巡るとき、ことごとくこの国を巡り終えた。さらにコシ（越後）の国に到るときに、火明の神を呼ばれて、「あなたは、この丹波の国を治めなさい」とお命じになった。火明の神は、大いに喜ばれて、「末永く青雲の支配する国（領知国）」と、言われた。そのため、志楽という。

　青葉山

　青葉山は一つの山で、東西に二つの峯がある。名のある神が宿っている。ともに、青葉の神という。その東の峯にまつる神は、若狭彦神と若狭姫神の二柱である。その西の峯にまつる神は、笠津彦神と笠津姫神の二柱である。

　この峯は、若狭の国と丹後の国の境にある。その笠津彦神と笠津姫神は、丹波国造・海部直らの先祖である。ところで、二つの峯には、同じように松と柏の木が多い。秋になっても、色が変わらない。（以下、虫食い）

　甲岩（記事は省略）

　河辺坐三宅社（以下、虫食い）

　御田口祠（記事は省略）

　二石崎

二石崎について、古老が伝えていう。昔、天下を治められるときに、大名持命と少名彦命がこの地に到りまして、二柱（ふたはしら）の神が相談しました。白と黒の真砂（まさご）をとり、火明命を呼ばれて、お命じになりました。すなわち、「それらの石は、私の分霊である。あなたは、良くこの地で祭りなさい。そうすれば、天地の波が荒れても、丹波の国が荒らされることは決してない。」と。

　火明命は詔にしたがって、その霊石を尊びました。すなわち、それは左右に黒白に分かれていて、神の験（しるし）があった。それは、今も変わらない。そのため、その地を二石崎という。（二石は、不多志と読む）（以下、虫食い）

　枯木浦（かれき）（もとの字は、彼来）

　枯木浦はむかし少名彦命（すくなひこ）と大名持命の二柱の神が国造りなさる時に、海路の途中で島々を集合させた。そして、笠松山の嶺に登り、息の限りに呼んで、「彼来彼来（かれこかれこ）」と言われた。すると、四方の島がおのずから来て並んだ。それで、彼来と名がついたという。

　春部村（はるへ）（以下、虫食い）

　大倉木社（おおくらき）　国造のまつる神で（以下、虫食い）

　高橋の郷（さと）（もとの字は、高梯）

　高橋と名づけられた理由は、香語山命が倉部山（くらへ）の頂上に、神庫（みくら）を建てた。そこに種々の神宝を収め、長い梯子を設けて、その倉の物を出し入れした。そのために高梯の地名ができた。いまもなお峯の頂きに神祠（ほこら）があり、天蔵（あまくら）という。海香

語山命をまつっている。

またその山口の（虫食穴）岡に祠がある。祖母の祠と呼ぶ。この国に、海道姫（高照姫）命というお方がいらっしゃる。

年老いてこの地に来まして、麻をつむぎ、蚕を養い、人民に衣をつくる方法をお教えになった。それで、「山口に鎮座し御衣つくりを教える祖母の祠」と呼んでいる。

与保呂乃里（もとの字は、仕丁）

与保呂と名付けた訳は、古老の伝えでは、むかし豊受大神の神勅によって、ここに神職と仕丁（召使い）などを住まわせた。それで、与保呂という。

日尾社（記事は省略）

庫梯山（またの名は倉部山）

倉梯川水源（以下、虫食い）

長谷山之墓　大倉木（以下、虫食い）

彌加宜社（記事は省略）

大内の郷（記事は省略）

高田の社のまつる神は、建田勢命である。これは丹（以下、虫食い）

爾保崎（記事は省略）

十二月栗神（記事は省略）

田造の郷

田造と名がついた理由はむかし、豊受大神の指図によって、海香語山命と海村雲命がこの国の伊去奈子岳に天降っ

た。海村雲命と（祖母の）海道姫命（高照姫）がともに大神をまつり、新嘗をしようと考えた。井戸の水がたちまち変わって、神饌をかしぐことができなかった。それで、泥の真名井と呼ばれた。ここで、海道姫命が葦を抜いて、大神の心を占った。このことから葦占山という名がついた。海道姫命は、弓矢を海香語山命に授けて、おっしゃった。「あなたは三回その矢を放ちなさい。矢が着いたところがかならず清いところです。」

海香語山命はうなずいて、その矢を射た。すると矢は、この国の矢原山に到った。すると、その矢に根が生え枝葉が茂った。それで、その地は矢原と名づけられた。（矢原は屋布と読む）

このため、その地に神籬を建て大神を遷しまつった。こうして初めて墾田をお定めになった。

この東南三里ほどのところに、霊泉がわき出た。それで海村雲命が、その泉水を泥真名井にそそぎ（六字虫食）、荒れ水をやわらげた。そこで、その泉の名は真名井と呼ばれるようになった。

与佐の郡

かたわらに、天の吉葛が生える。真名井の水をその匏に汲んで神饌を料理し、永く大神に供えた。それで、真名井原の匏宮と呼ばれた。

このように、春秋に田を耕し、稲種をまきほどこし、四方

の村に広めたところ、人民が豊かになった。このために、その地域に田造(たづくり)の名がついた。(以下、虫食い)

　笠水(うけみず)(宇介美都と読む)

　またの名は、真名井。白雲山の北郊(きたののべ)にある。清くて、綺麗(れい)な鏡のようである。もしや、豊受の大神が降臨したときに、涌き出させた霊水かも知れない。その深さは、三尺ほどで、その回りは百二十二歩である。日照りでも乾かず、長雨でも溢(あふ)れることがない。四季に水の増減がない。その味は、甘露のようである。万病をいやす働きがある。かたわらに、二つの祠がある。東は伊加里姫(倭宿祢の母)あるいは豊水富(倭宿祢の妻、出雲王家出身)の神である。西は笠水の神すなわち笠水彦命と笠水姫命の二神で、これは海部らのく祖神である。(以下、虫食い)

　凡海(おおしあま)の郷

　凡海の郷は、むかしこの田造の郷・万代浜から四十三里、(虫食い)から三十五里二歩離れている。四方海に面する大島であった。その凡海と称する訳は、古老が伝えて云う。むかし大穴持(大名持)命と少名彦命とが天下を治めるために、この地に来たときに、海中にある小島を引き集めた。その中の潮が枯れて、一つの島となった。それで、凡海と云う。

　大宝元年三月巳亥に、地震が三日間続いた。この郷が一夜にして、青い海となった。ようやく僅(わず)かに郷の中の高い山・二峯と立神岩のみが海上に残った。今それを、常世(とこよ)の島と呼

んでいる。また俗に、男島・女島と称している。島ごとに、祠がある。まつっているのは、海火明の神と日子郎女(いらつめ)の神である。これは海部直と凡海連(むらじ)らが斎く祖神である。(以下、虫食い)

　志託(したか)の郷（もとの字は、荒蕪）（記事は省略）

　有道(ありぢ)の郷（もとの字は、蟻道）

有道と名づけた訳は、むかし海火明命が飢えて、この地に到着したとき、食べ物を探していたら、蟻に連れて行かれて、先住民の食料貯蔵穴を見た。それで海火明命は、先住民に食料を乞うた。そのとき住民は、様々なご馳走を喜んで提供してくれた。そこで海火明命は、住民を誉めて云われた。「これからあなたは、蟻道彦大倉持命(ありぢおおけもち)と名のりなさい」と。そういう訳で、蟻道の地名ができた。また、蟻巣(ありす)という神祠がある。いま云う阿良須(あらす)は、なまった言葉である。(以下、虫食い)

　川守の郷（記事は省略）

　大雲川（以下、虫食い）

　奈具(なぐ)（以下、虫食い）

　奈豆（以下、虫食い）

　　この風土記の残欠は、丹後国加佐郡の余巻である。資益王家の蔵本であり、長年にわたる懇望(こんもう)の後、ようやく今年一覧できた。急ぎ平身低頭してこれを写し終えた。

長享(ちょうきょう)二戊申(ぼしん)年九月十日

大聖院権大僧都・真言大阿闍梨（あじゃり）　智海

　丹後風土記の編集は、遠く奈良朝の和銅六年にはじまり、平安朝の延長（えんぎょう）五年十一月に勧進（かんじん）したと言うけれども、その本はどこかに散逸（さんいつ）して今は伝わっていない。わずかに火災を逃れ、紙虫（しみ）の食い残した加佐郡の一部のみ、京師（けいし）の白川家にあった。それを室町中期に僧智海僧都が臨写し、丹後一宮籠神社に保存されていたものが、この（この）丹後風土記残欠である。
　それ以来、諸国の風土記で今日に伝わるものは、明け方の星よりも僅（わず）かである。たとえ一部分であるとは云うものの丹後のこれが伝わるのは、真に幸いの至りであると云うべきである。
　大正十五年十二月　永濱宇平

7．斎木雪州の出版記録

2001年11月	万葉集新訳
2002年8月	閑吟集は唄う
2003年5月	わらべ唄や民衆歌謡
2004年	幸の神と竜
2005年9月	七福神と聖天さん
2006年9月	（伊勢物語と業平）
2007年9月	出雲と大和のあけぼの
2008年8月	お伽話とモデル
2009年10月	万葉歌の天才
2010年10月20日	出雲王国と天皇政権
2011年11月	古事記の編集室
2020年11月	古事記と柿本人麿
2022年7月	上宮太子と法隆寺
2023年10月	（出雲王国と天皇政権）

8．古代年表

年　　代	主な出来事
約2～3万年前	人類が南北から日本列島に到達
約16500年前	世界最古の縄文土器（大平山元Ⅰ遺跡）
約5500～4000年前	三内丸山時代（三内丸山遺跡）、インドからクナ族が渡来しイズモ族になる
約3600年前	大湯文化時代（大湯環状列石）
B.C.7世紀頃以降	出雲王国成立・拡大（出雲王国前期）
B.C.219～210年	徐福集団の渡来（出雲王国中期、聞く銅鐸の時代）、大国主・事代主の遭難、アマベ・モノノベ氏の発展
B.C.2世紀	イズモ族とアマベ氏によるヤマト開拓、初代・村雲大王によるヤマト政権成立（アマベ王朝）
B.C.1世紀	3代大王・玉手看による磯城王朝成立
A.D.57年	ナの国が後漢へ朝貢し金印受領
A.D.1世紀頃	ヒボコ集団が渡来し円山川流域・豊岡盆地を開拓
A.D.107年	6代大王・オシヒトが後漢・安帝に面会・朝貢
A.D.2世紀前半	アマベ勢のタジマ侵入、ヒボコ勢によるハリマ占領、出雲王家による銅剣製造
A.D.2世紀中頃（後漢・桓霊時代）	第一次モノノベ東征、磯城王家・大彦親子によるクナト王国成立（見る銅鐸の時代）、7代大王・フトニによるキビ王国成立・出雲への侵攻、出雲王国による銅剣・銅鐸埋納、キビ王国との和睦（出雲王国後期）
A.D.2世紀後半	初期古墳造営（楯築古墳、四隅突出方墳）、モモソ姫によるヤマトの平和的統治（太田遺跡）
A.D.3世紀前半	宇佐神宮の姫巫女が魏へ朝貢、第二次モノノベ東征
A.D.8世紀	古事記・日本書紀、風土記編纂、杵築大社建立

参考文献

（発行年、著書、／の後は著者、〈 〉内は発行所）

1914年　懐橘談　／黒沢石斎〈文明堂〉（発行者　秦慶之助）

1947年　先代旧事本紀　／飯田季治（校訂）〈明文社〉

1962年　新撰姓氏録の研究（本文篇）　／佐伯有清〈吉川弘文館〉

1963年　大彦族の研究　／安倍三郎〈雑木雑草庵〉

1975年　市浦村史資料編／上巻〈市浦村史編集委員会〉

1976年　亀ガ岡文化／佐藤公知編〈文芸協会出版〉

1976年　古語拾遺・高橋氏文　／安田・秋本（校注）〈現代思想社〉

1977年　神武天皇＝徐福伝説の謎　／衛挺生〈新人物往来社〉

1981年　日本語とタミル語　／大野晋〈新潮社〉

1983年　古代海部氏の系図　／金久与市〈学生社〉

1983年　但馬古代史の謎を探る　／但馬考古学研究会〈船田企画〉

1986年　神の塔　／祖田浩一〈時事通信社〉

1988年　出雲神話から荒神谷へ　／原島礼二〈六興出版〉

1989年　出雲風土記とその社会　／佐野正巳〈雄山閣出版〉

1990年　古伝が語る古代史（宇佐家伝承）　／宇佐公康

1992年　吉備王国残照　／高見茂〈東京経済〉

1992年　古代史を語る　／茂在寅男ほか〈朝日新聞社〉

1992年　箸墓の秘密　／辻直樹〈毎日新聞社〉

1994 年	鬼住山ものがたり	／南波睦人ほか〈溝口町役場〉
1995 年	楯築遺跡と卑弥呼の鬼道	／薬師寺慎一〈吉備人出版〉
1997 年	古代の鉄と神々（改訂版）	／真弓常忠〈学生社〉
1997 年	富家文書（本文編、図版編）	／島根県古代文化センター編〈島根県文化センター〉
2000 年	天皇陵の近代史	／外池昇〈吉川弘文館〉
2000 年	真説徐福伝説	／羽田武栄・広岡純〈三五館〉
2001 年	サンカ社会の研究	／三角寛〈現代書館〉
2004 年	弥生文明と南インド	／大野晋〈岩波書店〉
2007 年	吉備の弥生大首長墓・楯築弥生墳丘墓	／福本明〈新泉社〉
2007 年	日本語の源流を求めて	／大野晋〈岩波新書〉
2010 年	海部氏系図等（神道体系・古典編 13）	／村田正志ほか〈新興社ブックサービス〉
2011 年	古事記の編集室	／斎木雲州〈大元出版〉
2012 年	出雲と蘇我王国	／斎木雲州〈大元出版〉
2016 年	サルタ彦大神と竜	／谷戸貞彦〈大元出版〉
2017 年	飛鳥文化と宗教争乱	／斎木雲州〈大元出版〉
2018 年	謎の出雲帝国（新装版）	／吉田大洋〈ヒカルランド〉

著者紹介

出生	1934年台湾台北市で生まれる
学歴	日本大学大学院　修士課程修了
	日本古代民俗学会　会長
	やまとことば学会　会長
職業	大学教授

出雲王国と天皇　―伝承の日本史―

初版発行	2019年 3 月 20 日
12版発行	2025年 6 月 20 日
著　者	斎木雲州
発行人	富　香子
発行所	大元出版
	ホームページ　アドレス　oomoto.net
	ファクス　045-852-0220
	郵便振替口座　01340-3-66200
	電話　080-6334-1836
	住所　〒245-0066　横浜市戸塚区俣野町 1403-5-910
印刷所	モリモト印刷株式会社

ISBN978-4-901596-18-3　C0021　¥2250E